Touren-App

Ganz einfach orientieren und jederzeit wissen, wo genau Sie gerade sind: Die praktische App zu den Erlebnistouren sorgt dank Offline-Karte und Navigation dafür, dass Sie immer auf dem richtigen Weg sind. Außerdem zeigen Nummern alle empfohlenen Aktivitäten, Genuss-, Kultur- und Shoppingtipps entlang der Tour an.

HTTP://GO.MARCOPOLO.DE/NIK

 Update-Service

Immer auf dem neuesten Stand in Ihrer Destination sein: Der Online-Update-Service bietet Ihnen nicht nur aktuelle Tipps und Termine, sondern auch Änderungen von Öffnungszeiten, Preisen oder anderen Angaben zu den Reiseführerinhalten. Einfach als PDF ausdrucken oder für Smartphone, Tablet oder E-Reader herunterladen.

W0047113

SYMBOLE

INSIDER TIPP   Insider-Tipp

★   Highlight

● ● ● ●   Best of ...

🌿   Schöne Aussicht

🟢   Grün & fair: für ökologi-
sche oder faire Aspekte

(*)   kostenpflichtige Telefonnummer

**PREISKATEGORIEN
HOTELS**

€€€ über 150 Euro

€€ 100–150 Euro

€ bis 100 Euro

Die Preise gelten für zwei Personen im Doppelzimmer mit
Frühstück pro Nacht

**PREISKATEGORIEN
RESTAURANTS**

€€€ über 40 Euro

€€ 25–40 Euro

€ bis 25 Euro

Die Preise beziehen sich auf
ein dreigängiges Menü für
eine Person ohne Getränk

INHALT

GUT ZU WISSEN
Geschichtstabelle → S. 14
Spezialitäten → S. 28
Musizierender Sand → S. 38
Gaaibollen → S. 42
Bücher & Filme → S. 51
Alles Käse! → S. 60
Häschen am Stiel → S. 64
Ebbe & Flut → S. 81
Feiertage → S. 111
Was kostet wie viel? → S. 115
Radeln mit Knotenpunkten → S. 116
Welter → S. 118

KARTEN IM BAND
(126 A1) Seitenzahlen und Koordinaten verweisen auf den Cityatlas
(0) Ort/Adresse liegt außerhalb des Kartenausschnitts
Es sind auch die Objekte mit Koordinaten versehen, die nicht im Reiseatlas stehen
(U A1) Koordinaten für die Karte von Den Haag im hinteren Umschlag

(⌘ A–B 2–3) verweist auf die herausnehmbare Faltkarte
(⌘ a–b 2–3) verweist auf die Zusatzkarte auf der Faltkarte

UMSCHLAG VORN:
Die wichtigsten Highlights

UMSCHLAG HINTEN:
Karte von Den Haag

Die besten MARCO POLO Insider-Tipps

Von allen Insider-Tipps finden Sie hier die 15 besten

INSIDER TIPP ▸ **Wie aus dem Bilderbuch**
Erst als das Geld ausging, hatte die städtische Baulust ein Ende. *Zieriksee* ist heute ein niederländischer Altstadttraum: Mehr als 500 Bauwerke stehen hier unter Denkmalschutz → S. 40

INSIDER TIPP ▸ **Ertrunkenes Land**
Das *Verdronken Land van Saeftinghe* in Zeeland ist ein artenreiches Terrain, das seine Entstehung einer Sturmflut vor 400 Jahren verdankt → S. 42

INSIDER TIPP ▸ **Kulinarische Kroketten von Tante Nel**
In der hipsten *Frittenbar* von Rotterdam gibt es holländische Imbissklassiker, von *kroket* bis *frikandel* – alles selbst gemacht → S. 53

INSIDER TIPP ▸ **Flohmarkt in Delft**
Puppenhaus oder Porzellan, was darf es sein? Im Sommer verwandelt sich die historische Innenstadt von *Delft* samstags in einen großen *Floh- und Antikmarkt* → S. 49

INSIDER TIPP ▸ **Ökosystem Wasser**
Entdecken Sie das grüne Labyrinth: Der Nationalpark *Biesbosch* ist ein einzigartiges Zusammenspiel von Flüssen und Bächen. Unterwegs mit dem Flüsterboot begegnen Sie Bibern und seltenen Vögeln → S. 55

INSIDER TIPP ▸ **Ehrwürdige Handelsstadt**
Rückkehr in die Zeit der Seefahrt und der Kaufleute: Die vergangene glorreiche Zeit der Stadt *Hoorn* spiegelt sich in ihren historischen Bauwerken wider (Foto o.) → S. 62

INSIDER TIPP ▸ **Lassen Sie Dampf ab!**
Die langsame Art des Reisens: Mit der *historischen Lok* fahren Sie gemächlich von Medemblik nach Hoorn → S. 63

INSIDER TIPP ▸ **Muscheln suchen mit dem Koch**
Erst die Arbeit, dann der Genuss: Wer im *Bed & Breakfast De Postoari* auf Terschelling übernachtet, kann die Zutaten fürs Abendessen selber im Watt suchen → S. 83

INSIDER TIP **Klein-Ibiza**

Lasst die Puppen tanzen: Im Sommer tummeln sich die Jungen und Schönen in den Strandlounges von *Bloemendaal* → S. 71

INSIDER TIP **Weltall an der Zimmerdecke**

Das *Eisinga-Planetarium* in Franeker beherbergt das älteste Modell unseres Sonnensystems. Angetrieben wird das blau-goldene Konstrukt von Zahnrädern (Foto u.) → S. 65

INSIDER TIP **Was vom Walfang übrig blieb**

Das hat Charme: In *Nes* auf Ameland stehen bis heute die Häuser der ehemaligen Walfischflottenkommandanten, genannt *„Kapitänshäuschen"* → S. 75

INSIDER TIP **Spuren im Sand**

Viel Natur, sauberes Wasser, einsame Meeresfluchten: Wer will, kann an den breiten Stränden von *Schiermonnikoog* stundenlange Spaziergänge unternehmen → S. 77

INSIDER TIP **Hart am Wind**

Die oft raue Nordsee ist ein wahres Paradies für Windsurfer und Kiter. Hotspots für den perfekten Ritt auf der Welle gibt es eine ganze Menge. Auf der Insel *Texel* etwa trifft sich die Szene der Wellenreiter am Leuchtturm → S. 84

INSIDER TIP **Gute Nacht am Meer**

Das Rauschen der Wellen begleitet die Gäste bis in den Schlaf: Das *Strandhotel* auf der Insel Terschelling liegt einmalig abgeschieden mitten in den Dünen. Zum Frühstück wecken Sie die Möwen → S. 83

INSIDER TIP **Altes Schloss mit jungem Publikum**

Außen 13. Jh. mit Türmchen und Schlossgraben, innen Internetzugang und Fahrradverleih: Die wohl schönste Jugendherberge des Landes befindet sich im *Kastell Westhove* bei Domburg. Die Schlafzimmer liegen im Schloss selbst sowie im ehemaligen Kutschenhaus → S. 117

BEST OF ...

TOLLE ORTE ZUM NULLTARIF
Neues entdecken und den Geldbeutel schonen

● *Technikschau für lau*
Das gigantische Flutwehr *Maeslantkering* nahe Hoek van Holland können Sie zwar nur auf Abstand bestaunen, aber ein bewegliches Modell im Besucherzentrum demonstriert gratis, wie das Wehr im Ernst-
fall funktioniert → S. 55

● *Strandlektüre zu verleihen*
Lesestoff vergessen? Am Strand von Katwijk gibt es im Juli und August
eine kostenlose Strandbibliothek auch mit deutschen Büchern → S. 51

● *Uralte Hofidylle in Haarlem*
Trauen Sie sich ruhig, durch die kleine Pforte und den engen Gang
zu gehen. Am Ende wartet eine echte Entdeckung: die *Bakenesserka-
mer*, eine 1395 gestiftete Wohnanlage für alleinstehende Frauen, die
noch heute liebevoll gepflegt und mit Blumen bepflanzt wird → S. 68

● *Kunstgenuss für null Euro*
In *Kijkduin* nahe Den Haag hat US-Künstler James Turrell eines seiner
Werke installiert. In einem Krater in den Dünen legt man sich auf eine
Bank, schaut nach oben – und siehe da, über dem Kraterrand wölbt
sich der Himmel als echte Kuppel → S. 49

● *Delikatessen aus dem Watt*
Kein Geld fürs teure Fischrestaurant? Dann nichts wie raus ins Watt und
Austern sammeln! Mit etwas Glück klauben Sie vor Texel ein Abend-
essen zusammen – mit oder ohne Austernspezialist → S. 85

● *Eintritt frei auf dem Ozeankreuzer*
Wer mal ein Kreuzfahrtschiff von innen sehen möchte, kann die *SS Rotterdam* besuchen – ein Gang über
das heutige *Hotelschiff* ist gratis → S. 55

● *Dünenrutschen*
Gratisspaß für Kinder: Mitten ins Zentrum des Ört-
chens Schoorl ergießt sich die 51 m hohe *Klim-
duin*, eine Sanddüne, auf der nach Herzenslust ge-
klettert und gekullert werden darf → S. 108

●●●● Diese Punkte zeichnen in den folgenden Kapiteln die Best-of-Hinweise aus

TYPISCH
NIEDERLÄNDISCHE KÜSTE
Das erleben Sie nur hier

● **Übernachten am Strand**
Kleine, bunte Holzhäuschen säumen viele Strände.
Die meisten sind saisonweise verpachtet, aber es
gibt auch solche, die man tage- und wochen-
weise mieten kann. Schönstes Beispiel sind
die *Slaapzand-Häuser* in Domburg → S. 37

● **Leckeres aus Cranberries**
Amerikanische Beeren an der niederländischen Küste – das gibt's wirklich. Cranberries gedeihen auf den westfriesischen
Inseln und werden dort zu Marmelade
oder Pralinen verarbeitet. Verkauft werden die Leckereien u. a. in *'T Pieter Peit's
Winkeltje* auf Terschelling → S. 81

● **Naturschutz in den Dünen**
Von hier kommt das Trinkwasser: Viele Dünenlandschaften – darunter die *Kennemerduinen* bei Zandvoort –
sind baumbestandene Wasserschutzgebiete, in denen Sie fern des
Strandtrubels herrlich spazieren gehen können → S. 71

● **Auf dem Meer Kitesurfen**
Kitesurfer lieben die niederländische Küste. An vielen Stränden können
Sie den Ritt mit dem Drachen lernen. Den richtigen Dreh vermittelt das
Team der *Dreams Surfschool* in Ter Heijde → S. 104

● **Fietsen-Kultur**
Das Land ist flach, die Entfernungen sind kurz: Kein Wunder, dass die Nie-
derländer so gern Rad fahren. Auf der autofreien Insel Vlieland macht
Radeln besonders viel Spaß, z. B. auf dem 26-km-Rundweg → S. 87

● **Robben beobachten**
Etwa 8000 Seehunde leben vor der niederländischen Küste. Wenn Sie
Glück haben, können Sie sie auf einer der Sandbänke vor den Watteninseln in der Sonne liegen sehen. Sonst findet man sie in der Seehund-
aufzuchtstation *Ecomare* auf Texel (Foto) → S. 84

● **Manche mögen's heiß ...**
... und die Niederländer mögen es zudem fettig. Aus fast jeder Strandbu-
de dringt im Sommer der Geruch von Fritten, Kroketten oder *bitterballen*.
Das gilt sogar für den schicken *Badpaviljoen* in Domburg, wo besonders
leckere Garnelenkroketten serviert werden → S. 37

TYPISCH

BEST OF ...

● **Goldenes Zeitalter**
Schwelgen in Bildern des Goldenen Zeitalters: Im Haarlemer *Frans-Hals-Museum* vergehen graue Nachmittage im Nu → S. 68

● **Wasser erleben**
Bei schlechtem Wetter macht der *Deltapark Neeltje Jans* Laune – unter anderem mit 3D-Unterwasserfilmen → S. 36

● **High Tea im Kurhaus**
Das *Grand Hotel Amrâth Kurhaus* in Scheveningen ist ein Relikt aus mondänen Zeiten. Im heutigen Luxushotel kann sich Ottonormalverdiener immerhin einen Tee mit Gebäck im imposanten Art-déco-Kursaal leisten (Foto) → S. 48

● **Zu Besuch bei Seesternen und Raubfischen**
Mehr als 4000 Tiere in 45 Aquarien leben im *Sea Life Scheveningen*. Höhepunkt ist die Piranha-Fütterung um 14 Uhr → S. 108

● **Shoppen auf gut Niederländisch**
Es regnet Bindfäden? Beste Zeit für eine Shoppingtour in Flevoland: Im riesigen Mode-Outletcenter *Batavia Stad* gibt es Günstiges von großen Marken – und das alles im Ambiente eines altholländischen Städtchens → S. 63

● **3 ... 2 ... 1 ... Go!**
Space Expo in Noordwijk ist das offizielle Besucherzentrum des niederländischen Zweigs der Europäischen Weltraumbehörde. Seien Sie beim simulierten Start einer Ariane-Rakete dabei → S. 52

● **Design und Handwerk**
Das *Zuiderzeemuseum* in Enkhuizen hat sich vom verstaubten Heimatmuseum zum Highlight für Designfans gemausert. Gezeigt werden Objekte von jungen niederländischen Produktdesignern, die traditionelles Handwerk in ihre Arbeit integrieren → S. 60

REGEN

ENTSPANNT ZURÜCKLEHNEN
Durchatmen, genießen und verwöhnen lassen

● *Loungen im Sand*
Mit einem Bierchen in der Hand auf einer Loungebank in der Sonne flä-
zen, entspannte Musik hören und aufs Meer gucken: Das können Sie in
vielen Strandclubs neuen Stils, etwa im *Rapa Nui* in Bloemendaal → S. 71

● *Andere arbeiten lassen*
Drinnen entspanntes Kaffeetrinken, draußen hektischer Betrieb: Eine
Rundfahrt durch den Rotterdamer *Hafen* schaukelt Sie sanft durch die
beeindruckende Containerwelt → S. 53

● *Auf einen Tee in Nachbars Garten*
Im Garten ihres Hauses im winzigen Dörfchen Zuiderwoude schenkt Eri-
gone Koolen jedes Wochenende Tee aus und reicht dazu Selbstgebacke-
nes. Man sitzt auf der Wiese, schaut auf die umliegenden Weiden und
genießt die ungezwungene Atmosphäre in der *Theeschenkerij* → S. 61

● *Fern der Zivilisation*
Ein *Solarboot* fährt Wanderer tief in den Nationalpark *Biesbosch*
hinein → S. 55

● *Insel der Ruhe*
Schiermonnikoog, die kleinste bewohnte Wattinsel, misst gerade ein-
mal 16 mal 4 Kilometer und ist so gut wie autofrei. Nichts als endlose
Strände und Natur – mehr Ruhe geht nicht (Foto) → S. 76

● *Wellness am Strand*
Lust auf Sauna und Schwimmbad, Whirlpool und Schönheitsbehand-
lungen? Solche Annehmlichkeiten bietet das Hotel *Noordzee* in Cadzand. Jetzt noch das hübsche Turm-
zimmer mit Rundumblick auf
Meer und Dünen buchen
und das Wellness-
Wochenende ist
perfekt → S. 42

● *Flüstern im Wasserland*
Mäuschenstill gleiten Sie
im Kanu oder Flüsterboot
durch die unzähligen Ka-
näle des *Waterlands*. Dank
farbig markierter Routen
können Sie sich nicht einmal verfahren → S. 61

AUFTAKT

ENTDECKEN SIE DIE NIEDERLÄNDISCHE KÜSTE!

Ein Holzpfad führt über die letzte *Düne*. Je höher man steigt, desto feiner wird der Sand und desto höher wächst der *Strandhafer*. Oben angekommen, bietet sich ein großartiger Ausblick: landeinwärts über hügelige Dünenlandschaften mit Sanddorn und Krüppelkiefern, seewärts über einen *endlosen Sandstrand* und das Meer.

Etwa 2 Mio. Besucher erleben jedes Jahr solch einen ersten Blick. Nicht weniger als *450 km Küste* – davon 250 km Strand – haben die kleinen Niederlande entlang ihrer westlichen Küste zu bieten. Endlose Sandstrände und einsame Dünen säumen die *Küstenlinie* von Zeeland bis Den Helder und auf den *Watteninseln*. Eigentlich ist die gesamte Strecke von der belgischen Grenze bis hin zu den Inseln im Norden ein einziger langer Strand, unterbrochen nur von einigen Häfen und Flussmündungen. Und obwohl die Niederlande das am dichtesten bevölkerte Land Europas sind, kann man an den Nordseestränden noch *Einsamkeit* und Ruhe finden. Strand und Dünen sind jedoch nicht nur schön, sondern bilden einen *natürlichen Schutz* der „niedrigen Lande" vor dem Meer. Der *Kampf* gegen das nasse Element hat die Geografie des Landes geprägt: Da die Dünen keinen ausreichenden Schutz boten, baute man *Deiche* und *Stauwehre*. Dennoch brach das Wasser immer wieder in das Land ein und ver-

Es nennt sich „Meer", ist aber ein riesiger, spiegelglatter Süßwassersee: das IJsselmeer

änderte seine Küstenlinie und Gestalt. Manch eine Naturkatastrophe brachte Landschaften hervor, die heute zu den reizvollsten der Niederlande zählen: Durch *Überschwemmungen* entstanden nicht nur die Watteninseln, sondern auch das friesische *Seengebiet* und die zeeländischen Inseln.

Eine große Veränderung erfuhr die niederländische Landkarte im Jahr 1932: Durch die Fertigstellung des *Abschlussdeichs* (Afsluitdijk) wurde der Meeresarm Zuiderzee von der Nordsee abgetrennt und in einen riesigen Süßwassersee, das sogenannte *IJsselmeer*, verwandelt. Nun klatscht auf der einen Seite die See stürmisch gegen den Damm, auf der anderen Seite liegt die spiegelglatte Wasserfläche des IJsselmeers. In diesem so entstandenen See wurde nach dem Zweiten Weltkrieg die neue *Provinz Flevoland* eingepoldert: eine riesige Nutzlandschaft aus Äckern und schnurgraden Baumreihen. „Gott hat die Welt erschaffen, aber die *Niederländer* machten *ihr eigenes Land*", so heißt ein altes Sprichwort. Fertig sind die Küstenbe-

Vorgeschichte
Keltische Belgen und Bataver besiedeln das Gebiet

Ca. 50 v. Chr.
Römer erobern Teile der Küste

10.–14. Jh.
Die Niederlande fallen dem karolingischen, dann dem Deutschen Reich, später Burgund und Habsburg zu

1568–1648
80-jähriger Freiheitskampf gegen Spanien unter Wilhelm I. von Nassau

1579
Gründung der Utrechter Union, innere Trennung der Niederlande, Unabhängigkeitserklärung der nördlichen Provinzen (1581)

wohner mit dieser Lebensaufgabe noch lange nicht. So werden momentan einige *künstliche Inseln* im IJsselmeer östlich von Amsterdam angelegt, auf denen ein komplett neuer Stadtteil entstehen soll. Dringender ist allerdings das Problem der *Erosion*: Jedes Jahr müssen die niederländischen Strände mit neuem Sand aufgefüllt werden, um die Abtragung der Dünen einzudämmen. Vor der Küste Südhollands wurde deshalb 2011 der *weltweit erste Sandmotor* angelegt: eine künstliche Sandbank, die sich durch Wind und Strömung allmählich an den umliegenden Stränden verteilt und auf natürliche Weise Sandverluste kompensiert. Außerdem stellt die niederländische Regierung jedes Jahr ein sogenanntes *Deltaprogramm* auf, in dem die notwendigen Küstenschutz-Maßnahmen für das Folgejahr festgelegt werden.

Wasser ist in den Niederlanden allgegenwärtig; die *See* und der *Wind prägen* das Klima ebenso wie die Mentalität der Bewohner. Im *Mittelalter* wagte sich kaum ein Fürst in die sumpfigen Gebiete im Westen, sodass die *freien Bauern* dort weitgehend selbstbestimmt leben konnten. Nach dem Freiheitskampf gegen Spanien im 17. Jh. gründeten die Niederländer *eine der ersten Republiken* Europas. Das Sagen hatten damals vor allem die reichen Kaufleute der *VOC* (Vereinigte Ostindische Kompanie), die mit exotischen Waren aus Übersee handelten und damit den Grundstein für das *Goldene Zeitalter* legten. Innerhalb weniger Jahrzehnte entwickelten sich die Niederlande zur *Weltmacht*. Die dunkle Seite des Erfolgs waren Sklavenhandel und eine skrupellose Kolonialpolitik.

> **Das Wasser ist im Land allgegenwärtig**

Seit 1814
Königreich der Niederlande. 1830 Aufstand und Abfall Belgiens

1863
Als eines der letzten Länder Europas schaffen die Niederlande die Sklaverei ab

1932
Vollendung des Abschlussdeichs: Die ehemalige Zuiderzee wird zum Süßwassersee IJsselmeer

1940–45
Zweiter Weltkrieg. Die Niederlande werden von Deutschland besetzt

1953
Sturmflut in Zeeland. Start des Deltaprojekts zur Absicherung der Küste

Zwar sind die Niederlande heutzutage eine *Monarchie*, aber der im Goldenen Zeitalter entstandene Kaufmannsgeist, die *Demokratieliebe* und der Pragmatismus prägen noch immer die Geisteshaltung der Niederländer. In den protestantischen Gegenden nördlich von Rhein und Maas hat auch der *Calvinismus* seine Spuren hinterlassen. Das Resultat ist eine eigentümliche Paarung von *Spießbürgerlichkeit* und *Freigeistigkeit*, von Sittenstrenge und Duldsamkeit: Der gute Protestant lässt die Vorhänge offen, denn er hat nichts zu verbergen; was Angehörige anderer Bevölkerungsgruppen jedoch hinter ihren Vorhängen tun, ist deren Sache. *Toleranz* ist in den dicht besiedelten Niederlanden, die schon im 17. Jh. aufgrund der wirtschaftlichen Blüte *viele Einwanderer* aus weniger liberalen Ländern anzogen, eine notwendige

Der gute Protestant lässt die Vorhänge offen

Tugend – auch wenn sie in den letzten Jahren wegen des starken Zustroms von Immigranten und sozialer Probleme in den multikulturellen Vierteln der Großstädte *an Bedeutung verloren* hat. Seit einigen Jahren ist die PVV (Partei für die Freiheit) des islamfeindlichen Rechtspopulisten Geert Wilders eine wichtige politische Kraft im Land.

Den meisten Besuchern fallen jedoch vor allem das *Sprachtalent*, der lockere Umgangston und die *Kinderfreundlichkeit* der Niederländer auf. In Kombination mit den schönen Stränden, guten Wassersportmöglichkeiten und historischen Städten machen diese Trümpfe die niederländische Küste zu einem *beliebten Feriengebiet*. Wer sonnige, feinsandige Strände und familiäre Atmosphäre sucht, der wird sich in der südlichsten Provinz *Zeeland* wohl fühlen. Dies ist auch die *Feinschmeckergegend*: Muscheln und Fisch, aber auch schwarze Johannisbeeren gehören zu den lokalen Spezialitäten. Am holländischen Abschnitt der Küste, zwischen Katwijk und Bergen, geht es etwas *jugendlicher* und lebhafter zu. An Sommerwochenenden füllen sich die Strände von Zandvoort und Bloemendaal mit jungen Großstädtern – in der Nebensaison kann man aber auch hier noch stundenlange, einsame Strand- und *Dünenspaziergänge* machen. Zudem locken die Städte im Hinterland: Orte wie *Alkmaar* oder *Haarlem* bieten hübsche historische Ortskerne mit vielen Sehenswürdigkeiten.

Von hier aus ist es nicht weit zum IJsselmeer mit seinen altehrwürdigen *VOC-Städtchen* und nostalgischen *Plattbodenbooten*. Noch heute wird man beim Anblick der Segelschiffe, der weiten Wasserflächen und des *niedrigen Horizonts* an ein Land-

1975
Unabhängigkeit der Kolonie Surinam. 135 000 Surinamer übersiedeln in die Niederlande

1997
Einweihung des Sturmflutwehrs bei Rotterdam, Abschluss der Deltawerke

2013
Königin Beatrix dankt ab. Willem-Alexander wird König der Niederlande
Eröffnung der Hafenerweiterung Maasvlakte 2 in Rotterdam – die Umschlagkapazität für Container verdreifacht sich

2018
Leeuwarden (Ljouvert) ist Europäische Kulturhauptstadt

Giebelhäuser, Grachten und eine gotische Kirche: Leidens Altstadt zieht die Blicke auf sich

schaftsgemälde des 17. Jhs. erinnert. Etwas *herber* gibt sich dagegen die verhältnismäßig dünn besiedelte nördlichste Provinz *Friesland*, in der man Friesisch spricht und im Winter, falls es einmal richtig friert, vom *Eislauffieber* gepackt wird. Vor der Küste liegen die *Westfriesischen Inseln*, fünf kleine Welten für sich – allen gemein sind die schönen Strände und die ausgedehnten Naturschutzgebiete.

Der Hauch vergangener Zeiten durchweht noch einige *küstennahe Großstädte* wie Leiden oder Dordrecht. Ein Kontrastprogramm bietet die Hafenstadt *Rotterdam*. Keine andere niederländische Stadt ist so *zukunftsorientiert*: Moderne Hochhäuser, der zweitgrößte *Seehafen* der Welt und eine spannende Kulturszene sorgen für Großstadtflair. Dank spannender Metropolen, schöner historischer Städtchen und eines üppigen Angebots an Museen und Freizeitparks kann auch das legendär *wankelmütige niederländische Wetter* die Urlaubsfreude nicht trüben. Wobei es

Sonnenuntergang bei Bier und *bitterballen*

sich in den Niederlanden ohnehin selten richtig „einregnet": Meist sorgt eine *steife Brise* dafür, dass die Wolken schnell wieder verschwinden und die Sonne zum Vorschein kommt. Dann strömen Einheimische ebenso wie ausländische Gäste wieder an die Strände und zum IJsselmeer – um zu schwimmen, zu segeln, Drachen steigen zu lassen oder um in einer Strandbar bei *biertje* und *bitterballen* den Sonnenuntergang über der Nordsee zu betrachten.

IM TREND

1 Huiskamer-Lokale

Wohnzimmerrestaurants Die niederländischen Hobbyköche laden in die eigene Wohnung: Peter und Hilda *(Rijksstraatweg 5, Schalsum | www.de-bijkeuken.nl)* servieren ihren Gästen Indonesisches ebenso wie Hausmannskost. Ron Belts *(Kalmoeslaan 14 | www.kokaanhuis.com)* edle Kreationen müssen sich vor keinem Profikoch verstecken. Mehr Huiskamer-Restaurants finden Sie unter *www.airdnd.nl*.

Blokart

Segel setzen Mit dem Liegedreirad samt Segel geht es rasant über den Strand. Der *Blokartclub Niederland (Termine unter www.blokartclub.nl)* ist auch auf der Insel Terschelling aktiv. Der Brouwersdam in Ouddorp ist ein Eldorado für Blokarter. Dort finden sich gleich mehrere Anbieter wie der *Beachclub Natural High (Kabbelaarsbank 1 | www.naturalhigh.nl)* oder das *Kite Surf Centrum (Brouwersdam 1 | www.kitesurfcentrum.nl)*. Ideal für den Anfang ist die rund 5 km lange Asphaltstrecke von *FlevOnice (Strandgaperweg 20 | Biddinghuizen | www.flevonice.nl)*.

2

3 Film ab!

Abseits des Mainstreams Ungewöhnliche Themen, Medien und Erzählformen haben es den Niederländern angetan. Das *North Sea Film Festival (www.northseafilmfestival.com) (Foto)* in Rotterdam widmet sich ganz der Unterwasserwelt – nicht nur der Nordsee. In Vlissingen findet alljährlich im September das Festival *Film by the Sea (www.filmbythesea.nl)* statt, das vor allem für Buchverfilmungen bekannt ist. Beim *International Film Festival Rotterdam (iffr.com)* dreht sich alles um innovative und experimentelle Filme. Hier treffen sich die Nachwuchstalente.

Maagd van Holland

Trendviertel Maho   Individuelle Shops, hippe Bars und coole Cafés haben das Viertel Maagd van Holland, kurz Maho, in Rotterdams heißestes Pflaster verwandelt. Rund um die namensgebende Statue machen Trendsetter Station in der *Urban Espresso Bar (Botersloot 44a | www.urbanespressobar. nl) (Foto)*. Modeliebhaber treffen sich im *Ginza Shop (Pannekoekstraat 6a | www.ginzashop.nl)*, dessen Eigentümerin Margret West auch eine eigene Kollektion verkauft. Kaum einer schafft es, den Shop ohne Tüten zu verlassen. Ein paar Ecken weiter gibt es bei *Objet Trouvé (Pannekoekstraat 44a | objet-trouve.nl)* Sneakers, Accessoires und noch mehr coole Mode. Zum Ausklang geht's ins *Level (Pannekoekstraat 76a | www.levelrotterdam.nl)*, eine coole Cocktailbar samt Restaurant.

Mach was draus!

Crowdfunding   In Rotterdam gibt es viel ungenutzten Raum und kreative Ideen, aber wenig Geld. Wie man aus der Not eine Tugend macht, zeigt die 390 m lange hölzerne Fußgängerbrücke *Luchtsingel (Delftsestraat/Raampoortstraat | www.luchtsingel.nl) (Foto)*, die komplett durch Crowdfunding finanziert wurde. In jedes Brett wurde der Name des Onlinespenders graviert. Die Brücke führt quer durch einen alten Büroblock, auf dessen Dach sich ein Dachacker sowie ein kleines *Lunchrestaurant (Mo, Di geschl. | www.ophetdak. com)* befinden, und endet bei einem Bahnviadukt, unter dem sich das alternative Shopping Centre *Station Hofplein (www.stationhofplein.nl)* eingenistet hat.

FAKTEN, MENSCHEN & NEWS

COFFEESHOPS

Die Niederlande sind Europas einziges Land, in dem es sogenannte Coffeeshops gibt, Cafés, in denen weiche Drogen wie Haschisch und Marihuana gekauft bzw. konsumiert werden dürfen. Der Besitz ist nicht legal, aber die Verfolgung des Delikts hat eine sehr niedrige Priorität. Wer nicht mehr als 30 g bei sich trägt, bekommt keine Probleme mit der Polizei. Auch der Eigenanbau von Hanf wird toleriert, allerdings dürfen es nicht mehr als fünf Pflanzen sein. Die Duldung weicher Drogen steht jedoch seit einigen Jahren unter politischem Beschuss, und in den drei südlichsten Provinzen Zeeland, Noord-Brabant und Limburg sind Coffeeshops seit 2012 nur noch für Niederländer zugänglich.

DEICHE

Römer legten die ersten Deiche entlang der Flüsse an. Erst um das Jahr 1000 begannen die Holländer mit dem Bau von Deichen an der Küste und machten so eine dauerhafte Besiedlung des Landes möglich. Auf den Warften – aufgeschüttete Hügel – wurden Bauernhöfe und Kirchen errichtet. Die Sorge für den Unterhalt der Deiche lag beim Deichgrafen. Um Inseln und Strände, etwa bei Scheveningen oder auf Texel, vor einer Abtragung durch die Fluten zu bewahren, werden aufwendige Sandaufspülungen vorgenommen. Auch die Flüsse sind mit Deichen versehen, die allerdings nicht immer halten: 1995 mussten wegen Überflutung von Maas und Rhein 250 000 Menschen evakuiert werden.

DELTAWERKE UND OOSTERSCHELDE

Rund 5,5 Mio. Euro wurden zwischen 1953 und 1997 für das sogenannte Deltaprojekt zum Schutz des Hinterlands in Zeeland ausgegeben – das damals wohl kostspieligste Wasserbauprojekt der Welt. Das *Oosterschelde-Wehr* hat 65 Öffnungen, jede von ihnen ist 40 m breit. Bei normalem Wasserstand hat das Meer freien Zugang in die Mündungsarme der Flüsse Rhein, Maas und Schelde, nur in Sturmflutzeiten werden die Tore geschlossen. Die Oosterschelde ist ein beliebtes Überwinterungsquartier von Vögeln. Ihre Artenvielfalt und hohe Population ist bemerkenswert. Auch die Seehunde fühlen sich wohl. Derzeit zählt die Population in der Provinz Zeeland etwa 1500 Tiere.

DÜNEN

Dünen prägen das Gesicht aller niederländischen Inseln und der Küste von Den Helder bis nach Belgien. Das Dünensystem entstand etwa im 12. Jh. Bis heute ist nicht sicher, was den plötzlichen Sandzuwachs verursachte. Man vermutet, dass das Abschlagen der Wälder im Inland dazu beitrug. Dabei wurde eine Menge Sand freigesetzt, der sich mit den Ablagerungen, die die Flüsse Rhein und Maas seit Jahrhunderten an die Küste getragen hatten, vermischte. Dünen werden im Laufe der Zeit von Gräsern überwuchert. Wird die Pflanzendecke zerstört, trägt der Wind die Dünen ab, und das Wasser hat freien Zulauf. Der Schutz der Dünen gehört daher zu den vordringlichen Aufgaben der niederländischen Behörden.

GEWÄCHSHÄUSER

Gewächshäuser sind in den Niederlanden allgegenwärtig: Insgesamt bedecken sie eine Fläche von etwa 10 000 Hektar. Vor allem im Westland, also der Gegend zwischen Den Haag und Hoek van Holland, stehen die gläsernen Gebäude dicht an dicht. Unter der Glasdecke wachsen Gemüse, Obst und Zierpflanzen, von denen 80 Prozent exportiert werden. In Deutschland sind vor allem Hollandtomaten ein Begriff – wenngleich kein positiv besetzter. Lange waren die Gewächshausfrüchte aufgrund ihrer Aromalosigkeit als Wasserbomben verschrien. Inzwischen werden aber verstärkt aromatische Sorten angebaut, denen man ihre Treibhausjugend kaum noch anmerkt.

Damit die Pflanzen schneller wachsen, werden sie rund um die Uhr beleuchtet. Bis vor einigen Jahren konnte man deshalb die Glashäuser vom Flugzeug aus beim nächtlichen Landeanflug auf die Niederlande wie leuchtende Würmer in der Landschaft liegen sehen. Bis man auf das Problem der „Lichtverschmutzung" aufmerksam wurde: Der Tages- und Nachtrhythmus von Wildpflanzen in der Umgebung der Gewächshäuser durch die ständige Beleuchtung wurde gestört, und in manchen Gegenden der Niederlande wurde es nachts nie mehr richtig dunkel. Seither müssen die Züchter die Dächer der Gewächshäuser nachts mit lichtundurchlässigen Planen abdecken.

HOLLAND

Holland ist eigentlich nur ein Teil der Niederlande, der aus den zwei Provinzen Nord- und Südholland besteht. Da diese Provinzen, in denen mit Amsterdam, Rotterdam und Den Haag die bedeutendsten Städte des Landes liegen, schon seit Jahrhunderten eine wirtschaftliche und kulturelle Vormachtstellung haben, wurde „Holland" im deutschen Sprachgebrauch zum Synonym für die Niederlande. Doch es kann schon passieren, dass ein Friese oder Zeeländer etwas verschnupft reagiert, wenn man ihn als Holländer bezeichnet.

KÖNIGSHAUS ORANIEN-NASSAU

Stammvater des Königshauses Oranien-Nassau ist Wilhelm I. von Nassau, der 1533 im hessischen Dillenburg geboren wurde. Er war unter Karl V. Statthalter von Holland, Zeeland und Utrecht. Im Zuge der Auflehnung des Adels gegen die radikale katholische Machtpolitik Philipps II. von Spanien (Sohn Karls V.) setzte sich Willem von Oranje an die Spitze der Aufständischen. Er wurde 1584 ermordet. Der Freiheitskampf gegen Spanien endete erst mit dem Westfälischen Frieden 1648. Die Oranier blieben weiterhin Statthalter des Landes.

Erster König der Vereinigten Niederlande wurde König Willem I. (regierte 1813–40). Staatsoberhaupt bis 2013 war Königin Beatrix, die mit dem 2002 verstorbenen deutschen Diplomaten Claus von Amsberg verheiratet war. Seit ihrer Abdankung ist ihr Sohn Willem-Alexander König der Niederlande. 2002 heiratete er die bürgerliche Argentinierin Máxima Zorreguieta. Königin Máxima ist inzwischen beinahe so populär wie ihre Schwiegermutter es zuvor war. Wann immer das Königspaar mit seinen drei blonden Töchtern Amalia (geb. 2003), Alexia (geb. 2005) und Ariane (geb. 2007) im Fernsehen erscheint, schießen die Einschaltquoten in die Höhe.

der Infrastruktur ihres Landes. Erst 1862, 30 Jahre nachdem England die Sklaverei abgeschafft hatte, entschlossen sich auch die Niederlande zu diesem Schritt. Selbst nach dem Zweiten Weltkrieg führte das Land noch zwei Kriege in Indonesien, um dessen Unabhängigkeit zu verhindern. Der Freiheitskampf, der von 1945 bis 1949 dauerte, kostete rund 200 000 Indonesier das Leben.

So typisch wie die Windmühlen und der Käse: Gewächshäuser und Tulpenfelder

KOLONIALMACHT

Ebenso wie andere Kolonialmächte kamen die Niederlande durch Ausbeutung und Sklaverei zu Reichtum. Um die zerrütteten Staatsfinanzen im 19. Jh. zu sanieren, führte man für die Kolonie Nederlands-Indië (heutiges Indonesien) das *cultuurstelsel* ein, ein Zwangsanbausystem für Kaffee, Tee, Tabak, Zimt und Indigo, dessen Ertrag zwischen 1830 und 1870 ca. 375 Mio. Euro betrug. Mit diesem „Blutgeld" bauten die Niederländer Deiche sowie Schulen, senkten Steuern und begannen mit dem zügigen Ausbau

MALEREI

Im Goldenen Zeitalter entstand ein reger bürgerlicher Kunstmarkt. Reiche Kaufleute verlangten nach Gemälden, die ihre Lebenswelt naturgetreu darstellen, aber auch moralische Botschaften enthalten sollten. Porträt-, Genre- und Landschaftsmalerei florierten. Die berühmtesten Vertreter waren Rembrandt van Rijn (1606–69), Jan Vermeer van Delft (1632–75), Jan Steen (1626–79) und Jacob van Ruisdael (1628–82). Markenzeichen der damaligen niederländischen Malerei ist ihr Realismus.

MUSCHELN

An niederländischen Stränden findet man viele Muschelarten, aber auf der Speisekarte stehen nur zwei Sorten: Miesmuscheln und Austern. Miesmuscheln werden meist mit Pommes und Mayonnaise serviert. Gezüchtet werden sie im Wattenmeer und in der Oosterschelde in Zeeland. Muschelsaison ist von Mitte Juli bis Anfang Mai – und nicht etwa nur in den Monaten mit einem „r" im Namen, wie es früher hieß.

Bis vor einigen Jahren wurde die Hälfte der Muschelsaat aus Irland importiert, da das heimische Angebot die Nachfrage nicht befriedigen konnte. Anfang 2006 wurde diese Aussaat jedoch aus Sorge um das Ökosystem verboten. Die Bedenken sind verständlich, wenn man das Schicksal der noch heißer begehrten niederländischen Austern bedenkt, die in Oosterschelde und Grevelingen-Meer gezüchtet werden. Dort wurde in den 1970er-Jahren die japanische Auster ausgesetzt, die sich inzwischen zur Plage entwickelt hat und die Larven der einheimischen *platte oester* frisst.

Dabei hat diese Gattung es ohnehin nicht leicht, ist sie doch sehr anfällig für die Austernkrankheit *Bonamiasis,* was ihre Zucht noch schwieriger macht. Dementsprechend sind platte Austern in den Niederlanden deutlich teurer als ihre zugereisten Verwandten.

NATIONALPARKS

Unter den 20 niederländischen Nationalparks befinden sich auch einige Küstenregionen, wie die Kennemerduinen, der Biesbosch bei Dordrecht, das Wattenmeer und die Insel Schiermonnikoog. Außerdem gibt es zahlreiche kleinere Naturschutzgebiete, etwa Het Oerd im Osten Amelands, wo man auf über 50 Vogelarten trifft, das Sandgebiet Vliehors auf Vlieland oder De Muy auf Texel. Auch die meisten Dünengebiete stehen unter Naturschutz und dürfen nur mit Eintrittskarte betreten werden (im Tourismusbüro oder am Bahnhof erhältlich).

POLDER

Polder, eingedeichtes Grünland, das von schnurgeraden Wassergräben durchzogen ist, gibt es auf allen Inseln und hinter der Küste. Polderwiesen gelten als gute Viehweiden. Es waren Zisterziensermönche, die im 13. Jh. mit der Einpolderung von Land in Friesland und Zeeland begannen. Erst mit dem Einsatz von Windmühlen im 15. Jh., die das tief liegende Land leer pumpen konnten, wurde das Einpoldern effektiv. Ein besonders großer Polder entstand im südlichen IJsselmeer: der Flevoland-Polder.

SPRACHE

Amts- und Umgangssprache ist Niederländisch. In Europa sprechen es 23 Mio. Menschen, die Niederländer und die 6 Mio. Flamen in Belgien (Flämisch). Friesisch ist in Friesland als Minderheitensprache anerkannt und wird an den dortigen Schulen gelehrt. In Zeeland hört man noch oft den Dialekt Zeeuws, der dem Flämischen sehr ähnlich ist.

STADTWAAGEN

In allen historischen niederländischen Städten gibt es ein Stadtwaagengebäude, das meist auf dem Marktplatz steht und schlicht als *de waag* bekannt ist. Um zu verhindern, dass sie ihre Kunden mit gezinkten Waagen um einen Teil der Ware betrogen, mussten Händler Butter und Käse früher in der von der Stadtbehörde geeichten Stadtwaage wiegen lassen. Dafür zahlten sie ein Wiegegeld an die Stadt. Heutzutage beherbergen die meisten Stadtwaage-Gebäude Restaurants oder Museen. Die Stadtwaage von Alkmaar wird aber beim Käsemarkt noch immer zu ihrem ursprünglichen Zweck benutzt.

STRANDCAFÉS

Jedes Jahr kurz vor Ostern werden die ersten Strandcafés an der Küste aufgebaut. Früher waren diese Cafés meist nur schlichte Schuppen mit dem Charme von Eckkneipen, in denen ebenso einfache Speisen wie Käsebrötchen oder Erbsensuppe mit Speck serviert wurden. In den letzten Jahren mutieren sie aber immer öfter zu hippen Loungebars oder freundlichen Familiencafés, je nach Standort. Viele Strandcafés vermieten auch Liegen und Sonnenschirme, einige sogar kleine Wochenendhäuser, die ebenfalls am Strand stehen. Eines haben sie jedoch alle gemeinsam: Im Herbst, vor den großen Winterstürmen, werden sie wieder abgebaut und bis zum nächsten Frühjahr eingemottet.

VOC UND WIC

In Middelburg oder Hoorn, in Delft oder Haarlem – überall an der Niederländischen Küste werden Sie auf Bauwerke und Spuren der Vereinigten Ostindischen Kompanie treffen. 1602 wurde die „Verenigde Oostindische Compagnie" (VOC) in Amsterdam gegründet. Sie hatte das alleinige Recht, in der östlichen Hemisphäre einen Wirtschaftskrieg gegen Portugal und Spanien zu führen und eine Kriegsflotte wie ein Heer zu unterhalten. Sie durfte eigene Münzen prägen und Verträge abschließen. Als die VOC am 31. Dezember 1799 formell aufgelöst wurde, stand ihr Name bezeichnenderweise für *„vergaan onder corruptie",* also „untergegangen durch die Korruption". Zwischen 1602 und 1799 fuhren insgesamt 622 000 Personen auf 4510 VOC-Schiffen nach Asien. Die Schwestergesellschaft, die „Westindische Compagnie" (WIC), trieb Handel mit Afrika und Amerika, war

Befristetes Dasein: die stylishen Strandbars bleiben nur den Sommer über

führend im Sklavenhandel und gründete Neu-Amsterdam, das heutige New York.

WINDMÜHLEN

Die allgegenwärtigen Mühlen wurden mit der Einpolderung von Land seit dem 15. Jh. wirtschaftlich eingesetzt. Von den ausgeklügelten Windmaschinen existieren noch etwa 980. Sie sind denkmalgeschützt. Die schönsten Ansammlungen sieht man in Kinderdijk, in Zaandam und in Schermer bei Alkmaar. Mit einer Flügelspannweite von 28 m treiben Windmühlen eine Schraubwinde an, die das Wasser aus Gräben in höher gelegene Kanäle hebt. Außer Poldermühlen gab es Getreide-, Öl- und Tabakmühlen.

ESSEN & TRINKEN

Nieuwe haring und die indonesische *rijsttafel*, ein mehrgängiges Reisgericht, sind die Eckpfeiler der niederländischen Küche. Merkwürdige Kombination, mag man denken, doch für die Nation der Seefahrer und Kaufleute ist sie typisch.

Der *junge Matjes*, ein noch nicht geschlechtsreifer Hering, muss silbern glänzen und darf am Rückgrat nicht dunkelrot angelaufen sein. Darüber hinaus soll er fett und *lekker mals* (zart) sein. Er wird nach dem Fang an Bord gekehlt, so wie es sich seit dem 14. Jh. in den Niederlanden gehört, und roh verspeist. Jungen Hering gibt es nur in den Monaten *Mai und Juni*. Was in der übrigen Zeit als junger Hering verkauft wird, kommt meist aus der Tiefkühltruhe. Oft wird *nieuwe haring* nicht als Hauptgericht, sondern *als Snack* an einem Straßenstand oder im Fischladen verspeist. Kenner fassen den Fisch beim Schwanz, legen den Kopf in den Nacken und beißen ab.

An der Küste stehen natürlich Fisch, Krabben, Muscheln und Austern auf vielen Speisekarten: *Kutter*, die Fisch anlanden, gibt es nur noch wenige, etwa auf Texel, in Scheveningen oder Zeeland. Als Alternative bieten sich *Fischbuden* an, die eine Auswahl an Meerestieren bereithalten. Besonders an den Stränden findet man oft vom Trecker gezogene Fischläden. Hier bekommt man *Frittiertes*: Fischstäbchen, Muscheln, *lekkerbek* (ein in heißem Öl gebackenes Kabeljaufilet) mit vielen bunten Saucen.

Eine Besonderheit sind die *borrelhapjes*, Häppchen, die man zwischendurch oder

Von lokal bis global:
Einheimischer Fisch und Muscheln treffen auf Importe aus ehemaligen Kolonien

zum Aperitif isst: Dazu zählen die frittierten *bitterballen* (knusprige Fleischbällchen), kleine Frühlingsrollen, Mini-Käsesoufflés oder sonstiges Fingerfood. Spitzenreiter sind warme *Fleischkroketten*, die man an den Imbissstuben *aus dem Automaten* an der Wand zieht. „Aus der Mauer essen" nennt man das.

Käse spielt eine nicht unwesentliche Rolle auf dem täglichen Speiseplan. Das Produkt, das die Bauern schon *seit Jahrhunderten* herstellen, fehlt weder mittags zwischen den Brotscheiben noch

abends als Snack beim Aperitif. Für Letzteren wird der Käse in etwa 2 cm große *Würfel* geschnitten und vor dem Verzehr in *scharfen Senf* getunkt. Das macht man allerdings nur mit gewöhnlichem Gouda oder *boerenkaas*. Die Palette ist unendlich viel größer, von friesischem *nagelkaas* (mit Nelken) bis hin zu altem *leidse kaas* (mit Kreuzkümmel).

Kulinarisch gesehen haben die Niederlande in den vergangenen Jahrzehnten *gewaltige Sprünge* gemacht. Galten sie bis in die 1980er-Jahre als Land, in dem

SPEZIALITÄTEN

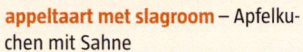

appeltaart met slagroom – Apfelkuchen mit Sahne

beerenburger – Kräuterschnaps

bitterballen – frittierte Fleischbällchen (Foto re.)

bolus – Gebäck aus Brotteig, mit Zimt und Zucker übergossen

boerenkool met worst – Eintopfgericht mit Grünkohl und Kartoffeln; wird mit Wurst serviert

broodje makreel – Brötchen mit Makrelenfilets

broodje paling – Brötchen mit Aal und Zwiebeln

drop – Lakritzbonbons süß oder salzig – mit Honig oder Salmiak

garnalenkroket – in heißem Öl gebackenes Kartoffel-Crevetten-Gemisch

genever – Wacholderschnaps

gevulde koek – große, runde, mit Marzipan gefüllte Biskuits

hagelslag – Schokostreusel, die sich Kinder aufs Butterbrot streuen

hutspot – Eintopf mit Rindfleisch, Möhren und Kartoffeln

kees boontje – Schnaps von Texel

kibbeling – frittierte Stücke vom Kabeljau

koffie verkeerd – Milchkaffee

krentenbol – Rosinenbrötchen

ontbijtkoek – Honigkuchen mit Koriander oder Ingwer

ossenworst – Rindfleischwurst (ursprünglich jüdische Spezialität)

pannekoeken – Pfannkuchen (Foto li.)

patat met pindasaus – Pommes mit Erdnussbuttersauce

uitsmijter – strammer Max auf Toast

vlammetjes – Mini-Frühlingsrollen in heißem Öl gebacken

zeeuwse babbelaars – Karamellbonbons mit Essig

zeeuwse hachee – Muschelpfanne mit Senf

zure bom – in Essig eingelegte Salzgurke

---

so ziemlich alles in Frittierteig oder unter Mayonnaise versteckt wurde, so findet man nun an jeder Ecke ein *internationales Restaurant* mit guter Küche. Die niederländische *Hausmannskost* ähnelt der norddeutschen Küche, setzt aber häufiger auf eine Kombination aus herzhaft und süß, wie etwa bei *Pfannkuchen* mit *Speck* und *Apfelsirup* oder Hähnchen mit Pommes und Apfelmus. Neuerdings wird auch wieder vermehrt auf die *regionale Küche* gesetzt: in Zeeland, wo die Küche der bretonischen ähnelt, da sie auch auf eine Kombination der Produkte vom Land und aus dem Wasser zurückgreift. Basis der zeeländischen regionalen Küche sind Fisch, *Garnelen*, Muscheln, Algen, Austern, Geflügel, *Lamm* und Rindfleisch (Schafe und Rinder fressen salzhaltiges Gras, ihr Fleisch ist daher von Natur aus etwas salzig). Aus schwarzen Johannisbeeren werden Fruchtwein, Marmelade und *crème de cassis de Zélande* gewonnen, aus biologischem Mehl das schmackhafte *vlegelbrood*. Eine Besonderheit sind die köstlichen *Grünpflanzen aus dem Wasser*: zeesla, zeewier, zeeaster und *lamsoren*. Die Gemüse wachsen in den Dünen und schmecken deshalb nach Meer: frisch, knackig und leicht salzig. Da etwa ein Drittel des niederländischen Bodens einen sehr *hohen Salzgehalt* hat, auf dem nicht alle Pflanzen wachsen, gelten sie als Hoffnung für die Zukunft der Landwirtschaft.

Typisch in den Niederlanden sind die *eetcafés*, hier kann in entspannter Atmosphäre getrunken und gegessen werden. Es gibt mittlerweile mehr als 2500 *eetcafés*, und ihre Zahl steigt stetig. Teurer, aber nicht minder beliebt, sind Restaurants, die *regionale* Produkte auf *moderne Art* zubereiten. Da findet man etwa Texeler Lamm mit Zitronenrisotto oder Röstkartoffeln mit Zeefenchel-Mayonnaise. Besondere Wertschätzung erfahren die exotischen Restaurants: An der Spitze steht *chinesisch-indonesisch*, auch indisch genannt. Dabei handelt es sich nicht um indische, sondern um ostasiatische Küche, und der Name leitet sich von der früheren holländischen Kolonie *Nederlands-Indië* ab.

Die Trinksitten haben sich in den letzten Jahrzehnten gewandelt. Heineken und Co. sind noch immer beliebt, aber man bekommt auch beinahe überall schwere *belgische Biere* wie Palm oder Leffe. Vorsicht: Der Zusatz *dubbel* bedeutet etwa 6 Pro-

zent Alkoholgehalt, *tripel* liegt bei etwa 9 Prozent. Vielerorts gibt es auch kleine *Lokalbrauereien*, wie etwa *Skuumkoppe* auf Texel. Genever wird fast nur noch von der älteren Generation getrunken – was zu-

Niederländer mögen es entspannt: ein Café in Delft

mindest beim *oude genever* bedauerlich ist, denn der lange gereifte Wacholderschnaps von kleinen Destillen wie Van Wees ist durchaus etwas für Kenner. Dafür trinken die Niederländer immer mehr und immer besseren Wein. Dauerbrenner sind sowohl Milch als auch *Buttermilch (karnemelk)*, die auch Erwachsene gerne zum Mittagessen trinken.

EINKAUFEN

Die Zahl der Läden, die Ausgefallenes verkaufen, ist relativ bescheiden, aber Urlauber, die suchen, finden alles, was sie als Souvenirs brauchen.

ASIATISCHE LEBENSMITTEL

Dank der Allgegenwart der asiatischen Küche ist die Auswahl an asiatischen Gewürzen und Zutaten in niederländischen Supermärkten sehr groß und vor allem günstig. Nicht unbedingt typisch niederländisch, aber für Liebhaber lohnt der Einkauf.

DELFTER KERAMIK

Auch Delfter Keramik gehört überall zum Angebot, ist aber oft „Made in China". Wer Qualitätsware kaufen möchte, sollte darauf achten, dass die Stücke von *Koninklijke Porceleyne Fles* stammen. Erschwinglicher als die Traditionskeramik aus Delft sind die Produkte der friesischen Keramikmanufaktur *Koninklijke Tichelaar Makkum.*

DESIGN

Das niederländische Produktdesign erlebt derzeit einen internationalen Höhenflug. Die Objekte sind oft originell und unkonventionell. Zu den bekannten Namen gehören *Hella Jongerius, Marcel Wanders* und *Richard Hutten.* Zum Teil greifen die Entwerfer auf alte Handwerkstraditionen zurück und verbinden beispielsweise historische Motive mit modernen Formen. Am günstigen Ende der Skala liegen die Designküchengeräte der Firma *Royal VKB,* am teuren die Unikate, die zum Beispiel in der Rotterdamer *Vivid Galerie (Scheepmakershaven 17)* verkauft werden.

HOLZSCHUHE

Klompen heißen die traditionellen Holzschuhe auf Niederländisch. Wie sie gemacht werden, wird täglich im Museumsdörfchen *Zaanse Schans* bei Amsterdam demonstriert. Es gibt Deko-Modelle und solche zum Tragen. Wer's bequemer mag, wählt *schoenklompen* mit Fußbett und Oberseite aus Leder.

KÄSE

Ein besonderes Mitbringsel ist Schafskäse von der Insel Texel. Die kugelige Delikatesse wird der großen Nachfrage wegen auch auf dem Festland imitiert – aller-

Von Asiatisch bis Trödel:
Nützliches, Kulinarisches und Schönes –
für zu Hause oder als Mitbringsel

dings mit weniger Geschmack, wie Kenner behaupten. Echter, mit der Hand geformter *Schylger Käse* von Terschelling kommt als Mitbringsel zu Hause auch gut an. Zu altem und würzigem Käse wird in Holland oft *appelstroop* serviert, ein süßsaurer Apfelsirup, der ebenfalls ein prima Mitbringsel abgibt.

SPIRITUOSEN

Das Angebot reicht vom *beerenburger* (ein Kräuterbitter aus Friesland) bis hin zu *kees boontje* (Schnaps von der Insel Texel). Ein Klassiker ist der Wacholderschnaps Genever, den es in den Varianten *oud* (alt) oder *jong* (jung) gibt. Mit der Lagerzeit hat das nichts zu tun. *Jonge genever* wurde erst nach dem Zweiten Weltkrieg erfunden und wird anders destilliert, wodurch er weniger Aroma hat, aber auch günstiger ist. *Zeer oude genever* hingegen wird mindestens ein Jahr gelagert, hat eine bräunliche Farbe und kann fast wie Whiskey schmecken.

SÜSSES

Ein nettes Mitbringsel ist eine Flasche Wein aus den Preiselbeeren ähnlichen *cranberries,* die ursprünglich aus Amerika kommen und inzwischen auf Terschelling und Vlieland wachsen. Hervorragende Souvenirs sind Pralinen aus feiner Schokolade und ein tiefroter Dessertwein aus schwarzen Johannisbeeren, die in Zeeland auf Plantagen heranreifen. Wer Süßes mag, kann Zuckerbrot, Lakritz oder Spekulatius, Möweneier oder Muscheln aus Schokolade erwerben.

TRÖDEL

Kein Mangel herrscht an Antiquitäten- oder auch Trödelhändlern, die alte Kacheln, Weinflaschen (teilweise aus illegalen Tauchexkursionen nach historischen Schiffswracks, die vor der Küste auf dem Meeresgrund liegen), Möbel, Schiffskarten oder -uhren, Muscheln vom Nordseestrand oder aus der Südsee anbieten.

ZEELAND

Zeeland, im Mündungsgebiet von Rhein, Maas und Schelde gelegen, zählt seiner weiten Strände und des klaren Wassers in der Oosterschelde wegen zu den beliebtesten Ferienzielen Hollands. Die Meeresprovinz, die die meisten Sonnenstunden der Niederlande zu bieten hat, umfasst das zeeländische Flandern (Zeeuws Vlaanderen) mit dem Badeort Cadzand, die Inseln bzw. Halbinseln Walcheren, Schouwen-Duiveland, Tholen, Zuid- und Noord-Beveland. Auf den Inseln Schouwen-Duiveland (bei Burgh-Haamstede) und Walcheren (bei Domburg) gibt es bewaldete Dünenstriche. Der Ort Vrouwenpolder auf Walcheren ist ein noch relativ unbekanntes Ziel, während es in und um Renesse in der Sommersaison turbulent zugeht.

Hauptattraktion der Provinz sind zweifellos ihre Strände, aber auch das Hinterland hat einiges zu bieten. Weite Polder laden zum Radeln ein, historische Städtchen wie Zierikzee, Brouwershaven, Veere oder Middelburg erzählen von der Vergangenheit, und die Gourmetrestaurants von Yerseke und Zeeuws Vlaanderen tischen erstklassiges Meeresgetier auf.

Bei aller Idylle hat der ewige Kampf gegen das Wasser nirgendwo in den Niederlanden deutlichere Spuren hinterlassen als in Zeeland. Mehrfach verwüsteten Sturmfluten das weitgehend unter dem Meeresspiegel liegende Land. Seit der Katastrophe von 1953 hat sich das Gesicht der Provinz stark verändert. 1800 Menschen kamen damals bei der großen Sturmflut ums Leben, weil die Deiche

Das Lieblingsziel vieler Urlauber: schäumende Wellen, feinsandige Strände und Wasser, so weit das Auge reicht

den 5 m hohen Fluten nicht standhielten. In den 1970er- und 1980er-Jahren wurden im Rahmen des Deltaprojekts sämtliche Meeresarme zwischen Brielle und Zierikzee abgeschlossen und die Inseln Zeelands dauerhaft mit dem Festland verbunden. Die Niederländer begrüßten den Bau der Dämme, Wehre und Schleusen, denn so wurde nicht nur die Nordsee gebändigt, sondern es entstanden auch touristische Attraktionen von Weltrang, wie das eindrucksvolle Oosterschelde-Wehr.

An der Seekante Zeelands liegen die Badeorte Burgh-Haamstede, Renesse, Valkenisse, Zoutelande und Domburg mit ihren schönen ⭐ *Sandstränden*. Nirgends sind die Dünen so hoch und die Strände so weitläufig wie hier. In Domburg, dem ältesten Seebad der Niederlande, gab es bereits 1834 Badekarren, und um die Jahrhundertwende vom 19. zum 20. Jh. war es sogar Künstlerkolonie. Die abgeriegelten Seearme Grevelingen und Veerse Gat sind heute großartige Wassersportseen.

MIDDELBURG

(130 B4) (*🗺 A9*) **Middelburg, Hauptstadt (47 000 Ew.) der Provinz Zeeland, war während Hollands Goldenem Zeitalter, dem 17. Jh., neben Amsterdam die reichste Stadt des Landes.**
Handel auf der Ostsee, aber auch Sklavenhandel, Kaperfahrt und Piraterie wandig zerstört. Im spätgotischen Stil wiederaufgebaut, wird das Kloster heute wie eh und je von dem 85 m hohen, achteckigen Turm *Lange Jan (Turmbesteigungen: April–Juni und Sept.–Nov. Mo 13–16, Di–So 11–16 Uhr, Juni–Aug. tgl. 11–17 Uhr | Eintritt 4 Euro | www.langejanmiddelburg.nl)* überragt, sodass man sich ins Mittelalter zurückversetzt fühlen kann. Die Ab-

Wunderschön wiederhergestellt: Middelburgs „spätgotische" Abtei ist keine 100 Jahre alt

ren die Quellen für den Wohlstand, der sich sich in den Herrenhäusern jener Zeit spiegelt. Middelburg überrascht durch stille Gassen an den Grachten, durch herrliche Profan- und Sakralbauten. Im 16. Jh. war es einer der wichtigsten Sitze der Vereinigten Ostindischen Kompanie. 1940 brannte die Stadt nach einem deutschen Luftangriff ab. In der Folgezeit wurde sie in beispielhaft rekonstruiert.

SEHENSWERTES

ABTEI (ONZE LIEVE VROUWE ABDIJ) ⭐
Der Backsteinkomplex aus dem 12. Jh. wurde im Zweiten Weltkrieg vollstän-

tei beherbergt die Provinzverwaltung und das *Zeeuws Museum (Di–So 11–17 Uhr | Eintritt 8,50 Euro | Abdij | www.zeeuwsmuseum.nl)*.

STADHUIS
Die flämische Architektenfamilie Kelderman ließ das Rathaus in den Jahren 1452–58 bauen. Es erinnert an das von Brüssel und gilt als schönster Profanbau des Landes. Die Fassade schmücken die 25 Grafen und Gräfinnen von Zeeland. Im Zweiten Weltkrieg brannte auch das Stadhuis ab, wurde aber später wieder aufgebaut. Sehenswert ist der *Markt* auf dem Rathausplatz, der jeden Donnerstag abgehalten wird.

VLEESHAL
Zeitgenössische Kunst auf internationalem Niveau in der alten Fleischmarkthalle. *Di–So 13–17 Uhr | Eintritt frei | Markt*

ESSEN & TRINKEN

DE EETKAMER
Brasserie in historischer Umgebung. Gute französische Küche. Experimentierfreudige wählen das *specialiteitenmenu*. *Di–Sa | Wagenaarstraat 13–15 | Tel. 0118 63 56 76 | €€€*

DE GESPLETEN ARENT
Im „gespaltenen Adler" gibt es zeeländische Küche auf hohem Niveau, zu moderaten Preisen. Auch für Vegetarier. *So geschl. | Vlasmarkt 25–27 | Tel. 0118 63 61 22 | www.degespletenarent.nl | €*

ÜBERNACHTEN

HOTEL AAN DE DAM
Kleines Hotel in einem prächtigen alten Haus im Zentrum. *11 Zi. | Dam 31 | Tel. 0118 64 37 73 | www.hotelaandedam. nl | €€*

HOTEL DU COMMERCE
Historisches Stadthotel. *45 Zi. | Loskade 1 | Tel. 0118 63 60 51 | www. hotelducommerce.nl | €*

AUSKUNFT

VVV DOMBURG
Schuitvlotstraat 32 | Domburg | Tel. Reservierung/Infos 0118 58 34 84 | www. vvvzeeland.nl

ZIELE IN DER UMGEBUNG

BORSSELE ★ (130 B4) (*m* B9)
Architektonisch interessantes Dorf 19 km südöstlich von Middelburg. Mit dem

geometrischen Straßenplan und alten Bauernhäusern steht es komplett unter Denkmalschutz. Hier wachsen zudem 75 Prozent aller schwarzen Johannisbeeren Hollands. **INSIDER TIPP** Hausgemachte Beerenmarmelade verkauft *'t Siepje (Beeldhoeveweg 2 | Do–Sa 10–16 Uhr)* im 3 km entfernten Ort 's-Heerenhoek.

BROUWERSHAVEN (130 C2) (*m* B8)
Das Hafenstädtchen mit 1400 Ew. auf Schouwen-Duiveland liegt 40 km entfernt und gehört zu den beliebten Wassersportorten Zeelands. Im gesamten Gebiet des abgeschlossenen Grevelin-

---

MARCO POLO HIGHLIGHTS

★ **Sandstrände**
Weitläufige und saubere Strände säumen die zeeländischen Inseln → S. 33

★ **Abtei**
Spätgotisches Kloster mit Aussichtsturm in Middelburg → S. 34

★ **Borssele**
Alte Bauernhäuser und riesige Johannisbeerfelder → S. 35

★ **Slaapzand-Häuser**
Meeresrauschen und minimalistischer Luxus in den Strandhäuschen von Domburg → S. 37

★ **Veere**
Niederländische Gotik in Reinform ziert den hübschen Ort → S. 39

★ **Sluis**
Trutzig wie im Mittelalter präsentiert sich die Stadt → S. 43

Wer von einem Haus am Meer träumt, wird die Slaapzand-Häuschen lieben

gen-Meerarms kann man Segelboote mieten. Das Sumpfgebiet von Flakee ist Brutrevier für Wasservögel. Grevelingen ist als Angelrevier bekannt. Sehenswert im Ort sind die Hallenkirche und das Renaissancerathaus von 1599. Am Brouwersdam liegt die Ferienanlage *Port Greve (575 Bungalows auf 35 ha | Wochenpreis für 4 Pers. 180–800 Euro je nach Saison | Heernisweg 1 | Tel. 0111 69 18 55 | www.landal.nl/portgreve)*. Auskunft: *Besucherzentrum De Grevelingen (De Punt 4 | Tel. 0187 68 23 46)*

BURGH-HAAMSTEDE
(130 B–C2) (⑦ *B8*)
Zwischen dem etwa 35 km entfernten Ort Burg-Haamstede und Renesse auf der Insel Schouwen-Duiveland erstreckt sich ein breiter Dünengürtel *(Het Zeepe und Verklikkerduinen)* mit dem bekannten Badestrand *Kop van Schouwen* – breitester Nordseestrand von Zeeland. Burgh-Haamstede (4700 Ew.) und das benachbarte Renesse haben zwar keine allzu reizvollen Ortskerne, zählen aber zu den beliebtesten Urlaubszielen in der Mee-

resprovinz. *Het Zeepe* ist eine 337 ha große Natur- und Wanderzone. *Slot Haamstede (Noordstraat 45a)* aus dem 13. Jh. und der dazugehörige Schlosswald sind bei Veranstaltungen zugänglich. Übernachten können Sie auf *De Torenhoeve (19 Zi. | Torenweg 38 | Tel. 0111 65 13 00 | www.torenhoeve.nl | €€)*, einem ehemaligen Bauernhof, nicht weit vom Meer entfernt und ruhig gelegen.

DELTAPARK NEELTJE JANS ●
(130 B3) (⑦ *B8–9*)
Auf der 20 km entfernten, künstlichen Insel Neeltje Jans liegt der Deltapark, eine Ausstellung zum Deltaprojekt. Das Sturmflutwehr wurde errichtet, um das Hinterland bei Hochwasser vor Überschwemmungen zu schützen. Bei Führungen bekommt man einen Einblick in das beeindruckende Bauwerk. Angegliedert ist ein Vergnügungspark, zu dem eine Seehundstation, eine Wasserrutsche, ein riesiger Wasserspielplatz, eine Ausstellung mit Walfischskeletten, ein 3-D-Kino und eine Orkanmaschine gehören. *Im Sommer tgl. 10–17.30 Uhr, im Winter*

nur während der niederl. Schulferien ge-öffnet | Eintritt im Winter 17,50 Euro, im Sommer 22,50 Euro, online bestellte Tickets sind 10 Prozent günstiger | www.neeltjejans.nl

DOMBURG (130 B3) (𝄞 A9)

Das älteste Seebad (2000 Ew., 15 km entfernt) des Landes zog um die Jahrhundertwende vom 19. zum 20. Jh. Maler wie Piet Mondrian an; Kaiserin Sisi und wohlhabende Bürger fanden sich zur Kur ein. Heute ist Domburg bodenständiger. Dem Ort halten in erster Linie deutschsprachige Besucher die Treue. Eine **INSIDER TIPP** Wanderroute führt nach Oostkapelle durch den Wald. Das ⊚ *Badhotel Domburg (Domburgseweg 1a | Tel. 0118 58 88 88 | www.badhotel.com | €€€),* ein moderner Hotelkomplex, verfügt über 116 helle und geräumige Zimmer, ein Green-Key-Zertifikat und ein Beauty-Center. Schick wohnen Sie im historischen ● *Badpaviljoen (ab 600 Euro pro Nacht | Badhuisweg 21 | www.badpaviljoentehuur.nl),* wo ein großes ⚶ Apartment für sieben Personen mit einmaliger Aussicht auf das Meer vermietet wird. Im selben Gebäude befindet sich ein nicht minder schickes Restaurant *(Tel. 0118 58 24 05 | €€€).* Wer seine Nacht noch dichter am Meer verbringen will, kann ein ★ ● *Slaapzand-Häuschen (www.slaapzand.nl | Tel. 0118 57 00 55 | €€)* direkt auf dem Strand mieten. Mitten im Ort liegt das trendige *Aparthotel Bommeljé (45 Studios und 4 Apts. | Herenstraat 24 | Tel. 0118 58 16 84 | www.bommelje.nl | €€€),* das ganz im Loungestil eingerichtet ist.

Für Naturfreunde empfiehlt sich der Minicampingplatz *Driesprong (30 Stellplätze | Trommelweg 6a | Tel. 0118 58 31 32 | www.driesprongdomburg.nl | €),* der nur 500 m vom Strand entfernt liegt. Die **INSIDER TIPP** *Villa Magnolia (15 Zi. |* *Oude Domburgseweg 20 | Oostkapelle | Tel. 0118 58 19 80 | www.villamagnolia.nl | €)* ist ein schönes Haus aus dem Jahr 1911, idyllisch und ruhig gelegen mit geschmackvoll eingerichteten Zimmern.

GOES (130 C4) (𝄞 B9)

Beschauliche Kleinstadt (27 000 Ew., 25 km östlich) und Wirtschaftszentrum der ehemaligen Insel Südbeveland. Sehenswert ist der historische Marktplatz, vor allem am Dienstag, wenn Wochenmarkt ist. Interessant auch das gotische *Rathaus*, das *Gotische Haus* in der Turfkade, die turmlose *Kreuzbasilika* im Stil der

LOW BUDGET

Bei Domburg liegt *Schloss Westhove (Feb.–Okt. | Duinvlietweg 8 | Tel. 0118 58 12 54 | ab 22 Euro pro Person)*, die wohl schönste Jugendherberge der Niederlande.

Günstig und in familiärem Umfeld übernachten kann man auch auf kleinen Bauernhof-Campingplätzen, von denen es in Zeeland einige gibt, z. B. in Aardenburg *De Oliepot (Tel. 0117 49 15 18)* oder in Aagtekerke *De Walnoot (Tel. 0118 58 34 14)*.

Das öffentliche Nahverkehrsnetz in Zeeland ist nicht sonderlich feinmaschig. Wer ohne Auto kommt, mietet am besten ein Fahrrad als Fortbewegungsmittel. Mit Mietpreisen ab 25 Euro pro Woche sind Drahtesel konkurrenzlos günstig, und für 6 Euro pro Tag darf man sie sogar mit in die Züge der Niederländischen Bahn nehmen. Vermieter gibt es in allen größeren Orten.

Brabanter Gotik. Im ehemaligen Waisenhaus (15. Jh.) befindet sich das *Historisch Museum De Bevelanden (Mo–Fr 11–17, Sa/So 12–16 Uhr | Eintritt 9 Euro | Singelstraat 13)*. Zeeländische Spezialitäten stehen auf der Karte des Restaurants *Binnenhof (Do–Di | De Bocht van Guinea 6 | Tel. 0113 22 74 05 | €€€)*. Souvenirs und kulinarische Spezialitäten aus Zeeland, von Bier bis Pralinen, gibt es bei *Zeeuwse Producten (Di/Mi, Fr/Sa 11–17, Do 11–21 Uhr | Kreukelmarkt 12)*.

OOSTKAPELLE (130 B3) *(⌘ A9)*

Rund 10 km nördlich, zwischen Oostkapelle und Veersegatdam, der zur künstlichen Insel Neeltje Jans führt, befindet sich ein ausgedehntes Dünengebiet. Diese Gegend ist dank des breiten Sandstrands ein sehr beliebtes Badeziel. Oostkapelle (2500 Ew.) besitzt außerdem einen schönen Dorfkern. Im Mittelalter war das Städtchen Sommersitz der Äbte. *B&B Parelduyn (Duinweg 71 | Tel. 0118 56 61 04 | www.parelduyn.nl | €)* bietet 8 Studios für je zwei bis drei Personen in einem schönen Neubau mit Garten.

RENESSE (130 C2) *(⌘ B8)*

Renesse (1500 Ew., 15 km nördlich) ist im Winter ein beschauliches Dorf, wandelt sich zwischen Mai und Oktober jedoch in ein lebhaftes Strandbad mit viel Freizeittrubel. Vor allem als Ziel für Junggesellenabschiede und Ausflüge von Jugendclubs und Schulklassen ist der Ort, den traditionell viele deutsche Gäste besuchen, sehr beliebt. An lauen Abenden wird der Platz rund um die *Sint Jacobskerk* zum lauten, geselligen Treffpunkt. Um die Autos aus dem Dorf zu verbannen, wurde das *Recreatie-Transferium* in Betrieb genommen: ein Parkplatz für 900 Autos. Von dort geht's mit einem elektrischen Shuttle, auf Leihrädern oder in kleinen Zügen mit Disneymotiven zum Strand und in die Dünen. Parken und Transport sind zum großen Teil kostenlos. Nette Stewards geben bereitwillig Auskunft. Das *Transferium* ist die erste Maßnahme, um die Ferienlandschaft von Autos freizuhalten, damit Natur und Polderlandschaft bewahrt bleiben.

Eine schöne Fahrradroute führt vom östlichen Ortsrand durch die Dünen zum breitesten Strandabschnitt *Het Punt*, wo man bei Ebbe Seehunde sehen kann. Zurück geht es durch das Naturschutzgebiet *De Vroongronden*. Im *Arc Hotel Zeeland (48 Zi. | Vroonweg 35 | Tel. 0111 46 25 10 | www.hotel-renesse-zeeland.nl | €€)* am Dorfrand herrscht eine familiäre Atmosphäre. Das *Landgoed Hotel Renesse (44 Zi. | Slot Moermond | Tel. 0111 46 17 88 |*

MUSIZIERENDER SAND

Strandsand, der aus Körnern im Durchmesser von einem 100stel- bis 1000stel-Millimeter besteht, scheint unter dem Einfluss von Wind Musik zu machen. Sogenannter „singender Sand" besteht vor allem aus Quarz, „plumpsender Sand" aus kalkhaltigen Verbindungen. Letzterer kommt an extrem trockenen Orten überall auf der Welt vor. Während der singende Sand eine Seltenheit ist, stößt man auf plumpsenden Sand häufiger. Mit Glück kann man den musizierenden in den heißen Sommermonaten an einigen Strandabschnitten auf Schiermonnikoog, Ameland und in Zeeland hören.

Das bezaubernde Veere zieht mit seiner Backsteingotik die Besucher in Scharen an

www.fletcherlandgoedhotelrenesse.nl |
€€) liegt in angenehmer Entfernung
vom Trubel und ist sehr schön in einem
Schloss aus dem 12. Jh. untergebracht.

VEERE ⭐ (130 B3) (𝄞 A9)

Das 7 km entfernte Städtchen Veere
(1600 Ew.) ist eine Schönheit mit seinem zierlichen Rathaus (1470) im Stil
der Brabanter Gotik und der unvollen-
deten, mächtigen spätgotischen Lieb-
frauenkirche aus dem 13. Jh. An Veeres
Blütezeit erinnern auch die gepflegten,
alten *Bürgerhäuser* und am Kaai Nr. 25–
27 die *schotse huizen Het Lammetje* und
De Struys, früher Lagerhäuser der schottischen Wollhändler. Im erhaltenen Teil
der alten Stadtmauer steht noch die
ehemalige Stadtherberge **INSIDER TIPP**
Campveerse Toren. Aus dem früheren Fischereihafen entwickelte sich ein beleb-
ter Yachthafen. Im Rathaus befindet sich
*De vierschaar (Mai–Okt. tgl. 13–17 Uhr |
Eintritt 2 Euro),* der frühere Gerichts-
saal. Im Restaurant *Campveerse Toren*
(tgl. | Kaai 2 | Tel. 0118 50 12 91 | www.

campveersetoren.nl | €€€) kann man
dem Trubel des Touristenstroms von der
Terrasse aus zuschauen, im dazugehöri-
gen Hotel auch sehr schön übernachten.
Von Veere aus bieten sich ausgedehnte
Radtouren über die Halbinsel Walcheren
nach Vrouwenpolder und Serooskerke
an. Die dortige Mühle ist zu besichtigen.

VLISSINGEN (130 B4) (𝄞 A9)

Ein mondäner Badeort der europäischen
beau monde wie Zandvoort oder Domburg ist Vlissingen nie gewesen. Aber es
hat den **INSIDER TIPP** schönsten Boulevard der Niederlande direkt an der See
mit vorgelagertem Sandstrand und dem
wuchtigen *Gevangentoren,* dem Rest des
alten Stadttores von 1563.
Die seit dem Mittelalter befestigte Stadt
(45 000 Ew., 8 km südlich) an der 4 km
breiten Scheldemündung ist mit ihren
Häfen und einer Fischerei- und Seefahrts-
schule die maritimste Stadt Zeelands. Auf
der Reede liegen stets zahlreiche Schiffe. Das maritime Erlebniszentrum erstreckt sich rund um *Het Arsenaal (tgl.*

10–19 Uhr | Eintritt 14,95 Euro | Arsenaal-plein 1 | www.arsenaal.com) mit Unter-wasserwelt, Cafés, Restaurants und ei-nem  Aussichtsturm.

Am Nieuwendijk stellt das *Muzeeum* (*Mo–Fr 10–17, Sa/So 13–17 Uhr | Eintritt 10 Euro, MK | Nieuwendijk 1*) Schiffsmo-delle, Karten und Meeresexponate aus. In einem Hochhaus am Strand liegen die luxuriösen 3-Zimmer-Apartments *De Gulden Stroom* (*Blvd. Bankert 634 | Tel. 0118 44 09 71 | www.deguldenstrom.nl | €€€*) mit großartiger Aussicht auf die Westerschelde. Vom Hafen Vlissingen fährt regelmäßig eine Fußgänger- und Fahrradfähre nach Breskens, Zeeuws Vlaanderen.

YERSEKE (131 D4) (*B9*)

Das Dorf der Muschelbauern und Aus-ternbarone (6500 Ew., 37 km östlich) ist auf den ersten Blick nicht besonders

attraktiv, aber bekannt für seine Fisch-restaurants: z. B. *Oesterbeurs* (*Mi–So | Wijngaardstraat 2 | Tel. 0113 57 22 11 | €€€*) mit Spezialitäten von Seezunge über Jakobsmuscheln bis hin zu Hum-mer und das *Nolet's Vistro* (*tgl. | Burge-meester Sinkelaan 6 | Tel. 0113 57 21 01 | €€–€€€*). Zum Repertoire zählen auch hier Fisch- und Muschelgerichte, Spezia-lität ist Hummersuppe.

INSIDER TIPP ▸ ZIERIKZEE
(130 C3) (*B8–9*)

Wie wohlhabend Zierikzee (10 000 Ew., etwa 43 km nordöstlich) einmal war, vermitteln die denkmalgeschützte Alt-stadt, das *Rathaus* mit dem hölzernen, verschnörkelten Glockenturm und der unvollendete, 60 m hohe *Sint Lievens Monstertoren* (*Di–Sa 10–17 Uhr*). Auf dem Höhepunkt ihres Wohlstands plan-ten die Stadtväter im 15. Jh. den Bau

Sorgte einst für das tägliche Brot seiner wohlhabenden Bürger: Zierikzees Getreidemühle

dieses Turms, der eigentlich hoch werden sollte. Aber während der Bauarbeiten ging das Geld aus, der Turm wurde nie vollendet – und zum Glück auch nie abgerissen. Weitere wichtige Sehenswürdigkeiten in der kleinen, verträumten Stadt sind: *Noord- und Zuiderpoort,* Stadttore des 14. und 15. Jhs., das gotische *Burgerweeshuis,* der *Vismarkt.* Im Oude Haven befindet sich der *Museumshafen (April–Okt. Di–Sa 13–16.30 Uhr | Eintritt frei, Spende willkommen | Vissersdijk 2 | www.museumhavenzeeland.nl)* mit historischen Schiffen. Gleich gegenüber kann man in der Stadtwerft bei der Restaurierung alter Schiffe zusehen.

Das *Schuddebeurs (22 Zi. | Donkereweg 35 | Tel. 0111 4156 51 | www.schuddebeurs.nl | €€€)* ist ein romantisch gelegenes Hotel mit gemütlichem Restaurant, in dem französische Küche serviert wird.

ZEEUWS VLAANDEREN

(130–131 A–D 4–5) *(∅ A–C10)* **Am anderen Ufer der Schelde und angrenzend an Flandern liegt die fruchtbare Polderlandschaft Zeeuws Vlaanderen – ein Stück Bilderbuchniederlande, ganz ohne Touristenströme.**

Diesen flämischen Teil der Niederlande erreichen Sie von Zuid-Beveland aus per Auto durch den neuen Westerschelde-Tunnel *(5 Euro).* Hier, im südlichsten Teil der Region, ist es wesentlich ruhiger als im restlichen Zeeland. Der Landstrich mit seinem 11 km langen Nordseestrand ist ein einziges Idyll mit mehreren Naturschutzgebieten – De Zwarte Polder, Het Verdronken Land van Saeftinghe, Het Zwin –, die jeden Naturfreund ins Schwärmen bringen. Durch die Landschaft führen Radwanderwege, Fahrräder können Sie in allen Orten mieten. Auf dem Rad fährt man an Windmühlen vorüber, folgt verträumten Kanälen oder lässt sich an der Küste den Wind um die Nase wehen.

Ganz im Süden ist das Grenzgebiet nahe Brügge, Gent und der belgischen Küste (siehe auch MARCO POLO „Flandern") mit den Orten Sluis, Hulst und Aardenburg vor allem kulturhistorisch interessant. Auch Terneuzen, der drittgrößte Hafen der Niederlande, lohnt einen Besuch. Info: *VVV Cadzand (Blvd. de Wielingen 44d | Cadzand-Bad | Tel. 0117 39 12 98)* sowie *VVV Terneuzen (Noordstraat 62 | Terneuzen | Tel. 0115 76 01 22)*

ZIELE IN ZEEUWS/ VLAANDEREN

AARDENBURG (130 A5) *(∅ A10)*
Wer mit der Kutsche durch Zeelands älteste Stadt (2500 Ew.) rollt, kann sich vorstellen, warum die meisten Reisenden von Zeeuws Vlaanderen begeistert sind. In dem Ort, den schon die Römer kannten, den im Mittelalter Scharen von Pilgern aufsuchten, scheint die Zeit im 17. Jh. stehen geblieben zu sein. Reste der alten Stadtmauer sind noch erhalten *(Führungen Mai–Sept.).* Für Liebhaber: Das Restaurant *In den Wijngaard (Do–So 11–21.30 Uhr | Smedekensbrugge 34 | Tel. 0117 49 12 36 | €€)* hat eine eigene Schneckenzucht. Auch im eigenen Laden werden Schneckenprodukte verkauft.

BRESKENS (130 B4) *(∅ A9)*
Der überschaubare Ort (4500 Ew.) wäre nicht weiter nennenswert, könnte man nicht von seinen Dünen auf ✷ Panoramawegen die Schiffe bestaunen, die von und nach Antwerpen fahren. Der Yachthafen bietet 600 Booten Platz. Es gibt eine Personenfähre nach Vlissin-

gen. Das kleine *Fischereimuseum (Ostern–Okt. Di–Sa 10–12.30 und 13.30–16.30 Uhr | Eintritt 4,50 Euro | Kaai 1–103 | museumbreskens.nl)* organisiert allerlei Aktivitäten, von Strandfischen mit Zugpferden bis Fischräuchern auf dem Kutter. Details auf der Homepage.

CADZAND (130 A4) (*ᗺ A10*)

Dieser familiäre Ferienort mit 1200 Einwohnern besteht aus den Ortsteilen Cadzand-Bad und Cadzand-Dorp. Im Letzeren verweisen einige historische Gebäude und die frühgotische Kirche auf eine lange Geschichte. Im 13. Jh. war Cadzand noch eine Insel.

Das Beste an Cadzand ist der Strand bei Cadzand-Bad, an dem man mit etwas Glück prähistorische, schwarze Haifischzähne finden kann. Guter Ausgangspunkt für Radtouren. *De Blanke Top (51 Zi. | Blvd. de Wielingen 1 | Tel. 0117 39 20 40 | www.blanketop.nl | €€)* ist ein großes Hotel in den Dünen mit gutem Restaurant.

Für Wellness-Freunde gibt es das Hotel ● *Noordzee (Noordzeestraat 2 | Tel. 0117 39 18 10 | www.hotelnoordzee.com | €€€)* mit einer großen Bandbreite an Zimmertypen (inklusive rundem Turmzimmer), mit Spa, Hallenbad und Saunalandschaft. Wer direkt am Strand schlafen möchte, mietet eines der **INSIDER TIPP** **15 Strandhäuschen** mit futuristischem Design, die zur Ferienanlage *Molecaten Park Hoogduin (www.molecaten.de/de/hoogduin/strandhauschen | €€€)* gehören.

HULST (131 D5) (*ᗺ B10*)

Die Festungs- und Handelsstadt Hulst (10 000 Ew.) südlich der Westerschelde wird von einem 3,5 km langen *Stadtwall* mit vier Toren umschlossen. Die wuchtige *Willibrordus-Basilika* im Stil der Brabanter Gotik beherrscht das Stadtbild. Das Mühlenbollwerk *De Stadsmolen (13.30–17.30 Uhr)* kann von April bis Sept. sonntagnachmittags besucht werden.

Das nordöstlich gelegene, 35 m² große **INSIDER TIPP** *Verdronken Land van Saeftinghe* ist als Brackwasser-Naturschutzgebiet einmalig in Europa. Entstanden ist es, als ehemals fruchtbare Polder zwischen dem 14. und dem 16. Jh. Sturmfluten zum Opfer fielen. Seither wachsen dort viele seltene Pflanzenarten und brüten Küstenvögel. Besuchen können Sie das Gebiet allerdings nicht auf

GAAIBOLLEN

Gaaibollen ist ein flämischer Volkssport und dem französischen *Jeu de Boule* recht ähnlich. Es wird auch heute noch vor vielen Cafés in Zeeland gespielt. Einer der wenigen Sportvereine, die noch immer darauf spezialisiert sind, ist *De Dwarsliggers* aus Kloosterzande bei Hulst. Die Spielregeln für Gaaibollen sind einfach: Jeder Teilnehmer darf drei Holzkugeln in die Richtung eines vogel-ähnlichen Gegenstands werfen, der auf einem Stock befestigt ist. Wer den „Vogel abschießt", hat gewonnen. Im Gaaibollen probieren können Sie sich unter anderem in der Spielhalle *De Pierbol* im Dorfhotel *De Linde (Hulsterweg 47 | www.hoteldelinde.com)* in Kloosterzande, zu dessen Sammlung noch zahlreiche andere altflämische Bauernspiele gehören.

eigene Faust, sondern nur mit Führungen, die regelmäßig vom *Besucherzentrum (Emmaweg 4 | Tel. 0114 63 31 10)* organisiert werden. Übernachten können Sie im familiären *Hotel Hulst (11 Zi. | Van der Maelstedeweg 2 | Tel. 0114 31 05 31 | www.hotelhulst.nl | €)*.

SLUIS ⭐ (130 A5) (🗺 A10)

Diese geschichtsträchtige Festungsstadt (2400 Ew.) war einst der Vorhafen von Brügge. Sluis, während des Zweiten Weltkrieges zu 80 Prozent zerstört und nun vollkommen restauriert, besitzt als einzige niederländische Stadt einen schönen *Stadtturm* mit vier Ecktürmchen. Das angrenzende *Rathaus* kann während der Sommersaison tgl. zwischen 10 und 12 bzw. 13 und 17 Uhr besichtigt werden. In den Restaurants der Stadt isst man hervorragend flämisch. Französisch beeinflusste Küche auf hohem Niveau serviert *La Trinité (Fr–Di | Kaai 11 | Tel. 0117 46 20 40 | www.latrinite.nl | €€€)*. Empfehlenswert auch die *Gasterij Balmoral (Sa–Do | Kaai 16 | Tel. 0117 46 14 98 | www.balmoralsluis.nl | €€)* mit ihren Fischspezialitäten sowie *De Schaapskooi (Mi–So | Zuiderbruggeweg 23 | Tel. 0117 49 16 00 | €€)*.

Direkt an der belgischen Grenze liegt *Sint Anna ter Muiden* (130 A5) (🗺 A10), ein malerisches Bauerndorf mit einem mächtigen backsteinernen Kirchturm aus dem Mittelalter. Auf dem Landweg gelangt man in das einsam gelegene und großartige Naturschutzgebiet *Het Zwin* an der flämischen Nordseeküste.

TERNEUZEN (130 C5) (🗺 B10)

In der Hafenstadt (28 000 Ew.) dreht sich alles um die Schifffahrt. Kein Wunder, schließlich liegt der Ort nicht nur an der Westerschelde, sondern auch am Eingang des Kanals, der nach Gent führt. Vom großen Schleusenkomplex, dem

Malerisch: das Bauerndorf Sint Anna ter Muiden

Portaal van Vlaanderen, kann man den Schleppern zuschauen, wie sie die schweren Kähne durch die Schleusen lotsen. Aber auch vom 🌿 Scheldeboulevard hat man eine hübsche Aussicht auf das Geschehen im Hafen.

Gut übernachten können Sie im Hotel *Churchill (55 Zi. | Churchilllaan 700 | Tel. 0115 62 11 20 | www.hampshirehotels. nl | €€)*. Das *Bed & Breakfast Rietlanden (Waterlelie 12 | Tel. 06 30 40 83 76 | rietlandenbedandbreakfast.nl | €€)* bietet eine luxuriöse Suite mit Schwimmbadbenutzung, vermietet aber auch Boote.

RANDSTAD

Im Westen der Niederlande erstreckt sich die Nordseeküste mit ihrem breiten Dünengürtel. Da gibt es Seebäder wie Scheveningen, Katwijk und Noordwijk, kulturhistorisch interessante Städte wie Delft, Dordrecht und Leiden und das Regierungszentrum Den Haag.

Kein Gebiet in Europa ist so dicht besiedelt wie die sogenannte *Randstad*, das Ballungszentrum zwischen Amsterdam, Rotterdam und Den Haag. 7 Mio. der insgesamt 16 Mio. Einwohner der Niederlande leben hier – auf einem Achtel der Landesfläche. Dennoch finden sich auch noch Freiräume, vor allem entlang der Küste. So erstreckt sich zwischen Scheveningen und Katwijk ein einziger langer Strand, an dem man noch völlig alleine sein kann.

DEN HAAG/ SCHEVENIN-GEN

KARTE IM HINTEREN UMSCHLAG
(128 B4) (🗺 C7) Sitz der niederländischen Regierung und Residenzstadt des Königs. Amtlich heißt Den Haag *'s-Gravenhage*, was sich von der Domäne der Grafen von Holland ableitet.

Der Wohnort König Willem-Alexanders vermittelt den Charme einer provinziell-behäbigen Verwaltungsstadt (440 000 Ew.). Hier ist es ein wenig vornehmer und ruhiger als in der Konkurrenzstadt Amsterdam. Teil Den Haags ist

Bild: Alter Hafen Leiden

Kontraste auf kleinem Raum: Endlose Sandstrände und städtische Kultur konkurrieren um Ihre Gunst

CITY **WOHIN ZUERST?**

Binnenhof: Der weitläufige Gebäudekomplex liegt im Zentrum. Gleich um die Ecke finden sich das *Mauritshuis,* die Prachtstraße *Lange Voorhout* mit dem *Escher-Museum, Paleis Noordeinde* und der *Grote Kerk.* Die nächste Straßenbahnstation heißt *Centrum (Tram 1, 16).* Parken können Sie in der *Pleingarage (Plein 25).*

auch *Scheveningen*, das sich vom winzigen Fischerdorf zum turbulenten Seebad entwickelt hat. Auf dem Boulevard und am Strand wimmelt es von Terrassencafés und Restaurants.

SEHENSWERTES

BINNENHOF (U D5–6) (*m* d5–6)
Politisches Zentrum der Niederlande und Sitz der Ersten und Zweiten Kammer des Parlaments. Rund um den Innenhof, der dem Komplex seinen Namen gibt, scha-

Ein angemessenes Arbeitszimmer für einen König: Willem-Alexanders Dienstpalast Noordeinde

ren sich historische Regierungs- und Gerichtsgebäude, die bis ins 13. Jh. zurückgehen. Das Besucherzentrum organisiert Führungen durch die Parlamentssäle und den historischen Rittersaal. Für deutschsprachige Gäste gibt es Audioguides. *Mo–Sa 9.30–17, So 11–16 Uhr | Eintritt 8,50 Euro | Binnenhof 8a | www.binnenhofbezoek.nl*

INSIDER TIPP ESCHER IN HET PALEIS (U E5) (m e5)

Das alte Palais an einer der schönsten Alleen des Landes birgt ein Museum mit Werken des niederländischen Grafikers M. C. Escher. Optische Illusionen prägen seiner Kunst: endlose Treppen, unmögliche Räume und über den Bildrand kriechende Reptilien. *Di–So 11–17 Uhr | Eintritt 9 Euro | Lange Voorhout 74 | www.escherinhetpaleis.nl*

GEMEENTEMUSEUM (0) (m 0)

Neben chinesischem Porzellan und venezianischer Glaskunst gibt es hier eine INSIDER TIPP umfangreiche Mondrian-Sammlung zu sehen. *Di–So 11–17 Uhr | Eintritt 13,50 Euro, MK | Stadhouderslaan 41 | www.gemeentemuseum.nl*

HAAGSE BOS (U F5) (m f5)

Der 100 ha große Stadtwald liegt im Zentrum von Den Haag. Im Palast Huis ten Bosch, der mitten im Wald steht, wohnt König Willem-Alexander. *Zwischen Zuiderpad, Bezuidenhoutseweg und Benoordenhoutseweg*

MADURODAM (0) (m 0)

Miniaturversion der Niederlande. Alle berühmten Bauten des Landes, von der Rotterdamer Erasmusbrücke bis zum Stadttor von Sneek, kann man hier im Maßstab 1:25 sehen. *Jan./Feb. 9–18, März, Sept./Okt. 9–19, April–Juni 9–20, Juli/Aug. 9–21, Nov./Dez. 9–17 Uhr | Eintritt 15,50 Euro | George Maduroplein 1 | www.madurodam.nl*

MAURITSHUIS ★ (U D5) (m d5)

Im Gebäude des 17. Jhs. ist die königliche Gemäldegalerie mit berühmten Bildern von Vermeer, Jan Steen, Frans Hals und anderen Malern des Goldenen Zeitalters untergebracht. Unbestrittenes Highlight ist neben Rembrandts Autopsiegemälde „Die Anatomie des Dr. Tulp" Vermeers „Mädchen mit dem Perlenohrring". *Mo 13–18, Di/Mi u. Fr–So 10–18, Do 10–20 Uhr | Eintritt 14 Euro, MK | Korte Vijverberg 8 | www.mauritshuis.nl*

PALEIS NOORDEINDE (U D5) (*m d5*)

Im Paleis residiert König Willem-Alexander. Das neoklassizistische Schloss wurde 1553 erbaut. Hinter dem Gebäude befindet sich ein weitläufiger Park, der – im Gegensatz zu den Diensträumen des Königs – zugänglich ist. *Noordeinde 68*

PANORAMA MESDAG (U D4) (*m c4*)

Rundes, fast 1700 m² großes Gemälde von Hendrik Willem Mesdag, das das Fischerdorf Scheveningen mit Blick auf Meer und Dünen im Jahr 1880 zeigt. *Mo–Sa 10–17, So 11–17 Uhr | Eintritt 10 Euro | Zeestraat 65 | www.mesdag.nl*

SPUIKWARTIER (U E6) (*m e6*)

Beim Hauptbahnhof von Den Haag ist in den vergangenen Jahren ein postmodernes Hochhaus nach dem anderen aus dem Boden geschossen. Ein Muss für Architekturliebhaber ist das Spuikwartier: Wie eine riesige Kathedrale thront das Hochhaus *Castalia* inmitten des Viertels, umgeben von Bauten internationaler Stararchitekten wie Rob Krier, Richard Meier und Cesar Pelli.

ESSEN & TRINKEN

INSIDER TIPP ▶ HERINGSKARREN
(U D5) (*m d5*)
Am Tor zum Buitenhof steht der Karren, an dem auch so mancher Regierungsbeamte köstlichen Hering schmaust. *Tgl. | €*

ISTANA (U D6) (*m d6*)

Bei Den Haags selbsternanntem „König des Saté" (Hühnchenspieße mit Erdnusssauce) gibt es authentisch pikante indonesische Gerichte. *Tgl. | Wagenstraat 71–73 | Tel. 070 3 60 09 97 | €€*

SPIJS (0) (*m 0*)

Restaurant mit gehobener, französisch angehauchter Küche in einem Jugendstilhaus in Scheveningen. Schickes, junges Publikum. *Mo–Fr | Wassenaarsestraat 47 | Tel. 070 3 58 69 75 | €€*

VISHANDEL SIMONIS (0) (*m 0*)

Eher turbulenter als stilvoller Fischimbiss mit eigener Räucherei. Einfache Gerichte

---

⭐ **Mauritshuis**
Rembrandt, Vermeer & Co.: Weltberühmte Gemälde im prachtvollen Haus → **S. 46**

⭐ **Delft**
Hübsches Ensemble holländischer Patrizierhäuser → **S. 48**

⭐ **Keukenhof**
Im Frühling wird der ehemalige Küchengarten zum Blumenparadies → **S. 51**

⭐ **Space Expo**
Große Ausstellung zur europäischen Raumfahrt bei Noordwijk → **S. 52**

⭐ **Hafenrundfahrt**
Das „Tor zum Kontinent" in Rotterdam → **S. 53**

⭐ **Maritiem Museum**
Zu Besuch auf dem Rammschiff namens Buffel → **S. 53**

MARCO POLO HIGHLIGHTS

aus guten Zutaten: Lachsfilet auf Toast, Hummersuppe oder frittierte Muscheln. *Tgl. | Visafslagweg 20 | Scheveningen | keine Reservierungen |* €

EINKAUFEN

Herz des autofreien Einkaufsviertels in Den Haag ist die *Haagse Passage* (U D6) *(* d6*)* zwischen Spuistraat und Buitenhof. Der Glaskuppelbau im venezianischen Stil birgt Boutiquen und Shops. Die Gravenstraat führt zum *Groenmarkt* (U C–D 5–6) *(* c–d 5–6*)*, dem Gemüsemarkt. Elegante kleine Boutiquen haben *Prinsestraat* (U C5) *(* c5*)* und *Denneweg* (U E4) *(* e4*)*.

AM ABEND

Die „Den Haag Agenda" gibt eine gute Übersicht über die Veranstaltungen.

PAARD VAN TROJE (U C6) *(* c6*)*
Musikclub mit Popkonzerten und DJs. *Di/ Mi, So 16–1, Do–Sa 16–4 Uhr | Eintritt je nach Veranstaltung | Prinsegracht 12 | Den Haag | www.paard.nl*

ÜBERNACHTEN

ART DECO (0) *(* 0*)*
Ein Apartment und zwei Doppelzimmer mit Bad im schönen Haus aus dem frühen 20. Jh. *Valkenboslaan 154 | Tel. 070 3 92 08 80 | www.bbartdeco.nl |* €

CORONA (U D5) *(* d5*)*
Gegenüber dem Binnenhof, gutes Restaurant und Caféterrasse, komfortable Zimmer. *36 Zi. | Buitenhof 39–42 | Tel. 070 3 63 79 30 | www.corona.nl |* €€€

DUINOORD (0) *(* 0*)*
Mitten in den Dünen 10 km außerhalb von Den Haag. Moderne Zimmer, gutes Restaurant. *20 Zi. | Wassenaarseslag 26 | Wassenaar | Tel. 0347 75 04 09 | www. hotelduinoord.nl |* €

GRAND HOTEL AMRÂTH KURHAUS ●
(U C7) *(* c7*)*
Das ehemalige Kurhaus stammt noch aus der Zeit, als Scheveningen ein mondänes Seebad mit prominenten Besuchern war – Ende des 19. Jh. residierte hier u. a. die holländische Königin Wilhelmina. Die Eleganz vergangener Tage verströmt heute noch das Restaurant im prächtigen Kursaal mit seinen 100 Jahre alten Deckengemälden. Zur leisen Musik des Klavierspielers wird hier nachmittags zwischen 14.30 und 16.30 Uhr der High Tea serviert. An Sonnentagen beglückt die Terrasse direkt am Strand. *253 Zi. | Gevers Deynootplein 30 | Tel. 070 4 16 26 36 | www.kurhaus.nl |* €€€

AUSKUNFT

VVV DEN HAAG (U D4) *(* d4*)*
Spui 68 | in der Bibliothek | Tel. 070 3 61 88 60 | www.denhaag.com

ZIELE IN DER UMGEBUNG

DELFT ★ (128 B4) *(* C7*)*
Eine der schönsten Kleinstädte des Landes (95 000 Ew.) ist nur 8 km von Den Haag entfernt. Zentrum ist der *Grote Markt* mit *Nieuwe Kerk* und *Stadhuis*. In der Neuen Kirche, im 14. und 15. Jh. erbaut, befindet sich das *Prunkgrab von Willem van Oranje,* ein monumentales Renaissancedenkmal. In der nicht zugänglichen Gruft sind die meisten Fürsten und Fürstinnen des Hauses Nassau-Oranje beigesetzt. Auffallend ist der 108 m hohe Turm im Stil der Brabanter Gotik. Das im Renaissancestil errichtete *Rathaus* schließt den weiten Platz ab. Rund um den Markt stehen historische

Patrizierhäuser mit altholländischen Giebeln. Von April bis Sept. findet hier samstags einer der schönsten **INSIDER TIPP** *Flohmärkte* des Landes statt. Bekannt wurde Delft durch seine Fayencen. Im *Royal Delft Experience (Nov.–März Mo–Sa, April–Okt. tgl. 9–17 Uhr | Eintritt 12,50 Euro | Rotterdamseweg 196 | www.royaldelftexperience.nl)* wird die Herstellung dieser Keramik demonstriert und sind historische Stücke zu sehen. Delfts berühmtester Maler ist Jan Vermeer (1632–75). Seine „Ansicht von Delft" *(im Mauritshuis, Den Haag)* zeigt den Blick auf seine Vaterstadt, sein bescheidenes Grab liegt in der *Oude Kerk*. Die Alte Kirche wurde zwischen dem 13. und 15. Jh. erbaut. Schon von Weitem fällt der 75 m hohe, schiefe Turm auf.

Beliebt als Lunchadresse ist das **INSIDER TIPP** *Stads-Koffyhuis (Mo–Sa | Oude Delft 133 | €)*. Logieren kann man im hübschen ✿ *Hotel de Plataan (21 Zi. | Doelenplein 10 | Tel. 015 2 12 60 46 | www.hoteldeplataan.nl | €€)*, das Eier eigener Hühner zum Frühstück serviert. Auskunft: *TIP Delft (Kerkstraat 3 | Tel. 015 2 15 40 51)*

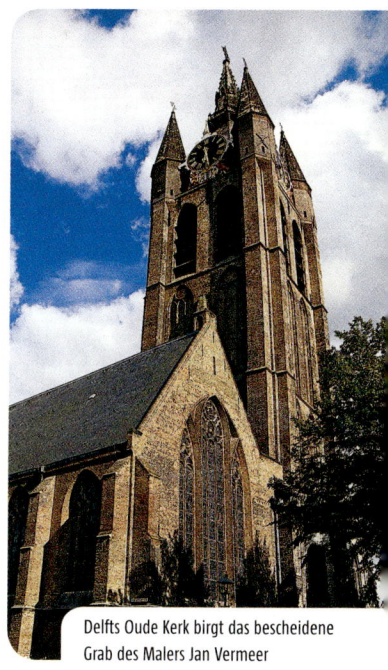

Delfts Oude Kerk birgt das bescheidene Grab des Malers Jan Vermeer

KIJKDUIN (128 A4) (⛰ C7)

Direkt an der Küste, 5 km im Westen von Den Haag. Unterhalb des Kijkduiner Boulevards erstreckt sich ein breiter Sandstrand. Wanderwege führen durch die Dünen. In einem Krater in den Dünen versteckt sich ein Werk des amerikanischen Land-Art-Künstlers James Turrell. ● Legt man sich auf die steinerne Bank im Zentrum des Kraters und schaut nach oben, wölbt sich der Himmel als Kuppel: *Machiel Vrijenhoeklaan (Zugang gegenüber Restaurant De Haagschebeek)*. Im Ferienpark *Kijkduinpark (Tel. in Deutschland 040 55 55 78 78)* können Sie Holzhütten und Ferienhäuser mieten oder ein Zelt 500 m vom Strand aufstellen.

LEIDEN

(128 B4) (⛰ C7) **Die Universitätsstadt Leiden vereinigt alles, was man von einer altholländischen Stadt erwartet: eine lebensfrohe Atmosphäre und ein historisches Zentrum mit romantischen Grachten und alten Giebelhäusern.**

Durch die Innenstadt fließt der *Oude Rijn*, der der Stadt ihren unverwechselbaren Charakter verleiht. Leiden (115 000 Ew.) erhielt 1266 die Stadtrechte, zu Wohlstand kam es durch die Tuchweberei.

SEHENSWERTES

CORPUS

Kurios: Das Museumsgebäude hat die Gestalt eines sitzenden Riesen. Drinnen reist man durch den menschlichen Körper. *Di–So 9–19 Uhr | Kinder erst ab 6 Jahren! | Eintritt 18,25 Euro | Willem Einthovenstraat 1 | www.corpusexperience.nl*

DE LAKENHAL

Gemälde des 17. Jhs. im Städtischen Museum – einst war hier der Tuchmarkt untergebracht. *Di–Fr 10–17, Sa/So 12–17 Uhr | Eintritt 7,50 Euro | Oude Singel 28–32 | www.lakenhal.nl*

RIJKSMUSEUM VAN OUDHEDEN

Funde aus der Zeit der niederländischen Vorgeschichte, der Etrusker und der Römer. *Di–So 10–17 Uhr | Eintritt 9,50 Euro, MK | Rapenburg 28 | www.rmo.nl*

ESSEN & TRINKEN

Große Auswahl an *eetcafés* und Kneipen in der Innenstadt, etwa *De Waterlijn (Prinsessekade 5)* oder *De Poort van Leyden (beide tgl. | Haven 100 | €–€€)*, eine Brasserie mit Terrasse im Stadttor.

SURAKARTA

Satés, javanesische Gerichte, viel Vegetarisches: gutes, bei Einheimischen beliebtes Restaurant. *Tgl. | Noordeinde 5 | Tel. 071 5 12 35 24 | www.surakarta.nl | €€*

ÜBERNACHTEN

DOELEN

Nettes, kleines Stadthotel in einem Patrizierhaus an der berühmten Gracht Rapenburg. *16 Zi. | Rapenburg 2 | Tel. 071 5 12 05 27 | www.dedoelen.com | €*

HUYS VAN LEYDEN

Plüschiges Boutiquehotel in einem denkmalgeschützten Haus. *5 Zi. | Oude Singel 212 | Tel. 071 2 60 07 00 | www.huysvanleyden.nl | €€*

AUSKUNFT

VISITOR CENTRE LEIDEN

Stationsweg 41 | Tel. 071 5 16 60 00 | portal.leiden.nl

Die Weite der Dünen ist wie geschaffen für Spaziergänge – hier bei Katwijk aan Zee

KATWIJK AAN ZEE (128 B3) (*∅ C6*)
Ein kleiner, adretter und gemütlicher Badeort mit stark christlicher Prägung, in dem keine FKK geduldet wird. Beim Strandpfahl 8 gibt es im Sommer eine ● Strandbibliothek *(Juli/Aug. Mo–Sa 11–17 Uhr)*, bei der Sie gratis Bücher ausleihen und Zeitungen lesen können. Katwijk aan Zee (17 000 Ew., ca. 10 km westlich) ist mit Katwijk aan de Rijn zusammengewachsen. Vom alten Leuchtturm aus können Sie das Treiben am Strand beobachten. Nördlich von Katwijk verhindern heute Schleusen, dass das Meerwasser in den Alten Rheinarm fließt. Hier besonders schön: Dünenwanderungen.

KEUKENHOF ★ (128 C3) (*∅ D6*)
Im Schutz der Dünen steht im Frühjahr der *Bollenstreek* („Blumenzwiebelge- gend") in voller Blüte und mittendrin liegt der Keukenhof („Kökenhof" ge- sprochen). Der größte Freilandgarten der Welt, 1949 eröffnet und 28 ha groß, ist jedes Jahr von März bis Mai geöffnet. Die riesige Blumenschau zieht wahre Be- suchermassen an.

Jacoba von Bayern, Gräfin von Hol- land, benutzte den Keukenhof schon im 14. Jh. zum Anbau von Gemüse und Kräu- tern. Heute blühen hier schätzungswei- se 6 Mio. Zwiebelgewächse. *Letztes Wo- chenende im März bis zum letzten Mi im Mai tgl. 8–19.30 Uhr | Eintritt 16 Euro | www.keukenhof.nl | ca. 20 km von Leiden*

NOORDWIJK AAN ZEE (128 B3) (*∅ C6*)
Ein viel besuchtes Seebad (26 000 Ew. mit Noordwijk), 15 km nordwestlich. Das Bad mit traditionell deutschen Besuchern ist auf den ersten Blick keine Schönheit,

BÜCHER & FILME

Frau Antje und Herr Mustermann – Ebenso amüsantes wie lehrreiches Buch (2002) von Dik Linthout über Vorur- teile, Klischees und Mentalitätsunter- schiede zwischen Niederländern und Deutschen, mit vielen Details zur hol- ländischen Geschichte und Sprache

Die Zwillinge – Tessa de Loos faszinie- rende Geschichte (1993) der Zwillings- schwestern Lotte und Anna, die in der Nachkriegszeit getrennt voneinander aufwachsen – die eine in Deutschland und die andere in den Niederlanden

Inselgäste – Im Episodenroman von Vonne van der Meer (2001) kommen- tiert die Putzfrau eines Ferienhauses auf der Watteninsel Vlieland das Kommen und Gehen der Gäste. Jeder bringt seine eigenen Probleme und Geschichten mit

Antonias Welt – Skurrile Familiensaga um fünf Frauengenerationen in einem südniederländischen Dorf. Im Zentrum steht die selbstbewusste Bäuerin Anto- nia, die sich in der Männerwelt behaup- tet. Der Film von Regisseurin Marleen Gorris erhielt 1996 einen Oscar

Schwarzbuch – Paul Verhoeven erzählt in seinem Film (2006) die Geschich- te der niederländischen Jüdin Rachel Stein, die vor den Nazis flieht, Wider- standskämpferin wird und sich ausge- rechnet in einen SS-Mann verliebt

besitzt aber einen hübschen Dorfkern, *Noordwijk-Binnen*, mit altem Baumbestand. Die Bebauung mit Ferienhäusern und Villen ist kunterbunt über die alten Dünen gestreut.

Nahe der Straße nach Katwijk befindet sich die Anlage des Europäischen Raumforschungszentrums ESTEC, die ★ ● *Space Expo (Di–So 10–17 Uhr | Eintritt 11 Euro | www.spaceexpo.nl)*, Europas größte ständige Ausstellung für Raumfahrt. Jährlich wird die Space Expo von mehr als 80 000 Weltrauminteressierten besucht. Zu besichtigen sind z. B. die ESA-Satelliten Ulysses und Giotto, Kinder können ein Astronautendiplom erwerben. Ein ruhiges Landhotel ist *De Duinen (41 Zi. | Duinweg 117–119 | Tel. 0252 24 29 00 | www.villadeduinen. nl | €€–€€€)*. Im Restaurant *Thai Tjon (tgl. ab 17 Uhr | Albert Verweijstraat 50 | Tel. 071 3 64 88 88 | €€)* gibt es typische thailändische Küche, charmanter Service. Herrliche Heringe essen Sie am besten bei *Van Duijn (Hoofdstraat–Kerkplein)*.

ROTTERDAM

(128 A–B5) *(ﾑ C7–8)* **Rotterdam strahlt mehr städtische Atmosphäre aus als irgendein anderer Ort in den Niederlanden. Es gilt als Prototyp einer modernen europäischen Stadt.**
Zum ersten Mal wurde Rotterdam 1283 schriftlich erwähnt. 1340 erhielt es die Stadtrechte. Mit der Industrialisierung des Ruhrgebiets erlebte die Hafenstadt mit heute 620 000 Ew. ein stürmisches Wachstum. 1940 bombardierten sie deutsche Flugzeuge: 25 000 Wohnungen und Häuser wurden zerstört, etwa 900 Menschen kamen ums Leben. In der Nachkriegszeit wurde Rotterdam teils neu aufgebaut, die Architektur ist daher moderner als in anderen Städten

CITY **WOHIN ZUERST?**
Erasmusbrücke: Am Fuß der Brücke starten die Hafenrundfahrten, wenige Meter nördlich liegen das *Maritiem Museum* und die *Witte de Withstraat*. Metro: *Leuvehaven,* Tramstation: *Willemsplein.* Parken können Sie auf der Straße (Parktickets an den blauen Automaten) oder im Parkhaus *Erasmusbrug*.

der Niederlande. In den vergangenen Jahren hat Rotterdam sich zur Architekturhauptstadt der Niederlande gemausert. Vor allem im *Museumpark* und auf der Hafenhalbinsel *Kop van Zuid* sind aufsehenerregende Neubauten entstanden. Außergewöhnlich sind auch die 38 *Kubushäuser* am Oude Haven, die *Erasmusbrücke* von Ben van Berkel und die *Kunsthal* im Museumpark.

SEHENSWERTES

BOIJMANS VAN BEUNINGEN
Sammlung altniederländischer, italienischer und moderner Maler sowie Ausstellungen mit niederländischem Design. *Di–So 11–17 Uhr | Eintritt 17,50 Euro, MK | Museumpark 18–12 | www.boijmans.nl*

EUROMAST ♨ ⊘
Der Aussichtsturm im Park ist 96 m hoch und mit einem Green-Key-Zertifikat ausgezeichnet. Ganz oben gibt es ein Panoramarestaurant mit großartigem Blick über Stadt und Hafen, Biogerichten sowie wassersparenden Pissoirs. *Tgl. 10–23 Uhr | Eintritt 9,50 Euro | Parkhaven 20 | www.euromast.nl*

HAFEN
Über 42 km erstreckt sich der Hafen bis zur Nordsee. Beeindruckend ist eine

⭐ 🔴 *Hafenrundfahrt (im Sommer jede Std. | Dauer 75 Min. | Preis 11,75 Euro | Ableger am Willemsplein Reederei Spido | www.spido.nl).* Sie schippern von der Erasmusbrücke entlang Veerhaven und Euromast durch die stadtnahen Hafenbecken. An Werktagen macht das mehr Spaß als am Wochenende: Dann erleben Sie, wie riesige Schiffe be- und entladen und Seecontainer gestapelt werden. Für Liebhaber gibt es auch eine große Hafenrundfahrt, die 2,5 Std. dauert. Wer Lust auf Abenteuer hat, bucht eine Rundfahrt mit dem *Splash-Bus (Abfahrt im Parkhaven, neben dem Euromast | Preis 24,50 Euro | www.splashtours.nl).* Das Amphibienfahrzeug fährt durch das Zentrum über die Halbinsel Katendrecht und schließlich in die Maas.

Wohnkultur im Boijmans

INSIDER TIPP ▶ KUBUSHÄUSER
In der Straße Overblaak 70 stehen die kuriosen Kubuswohnungen des Architekten Piet Blom. Die Museumswohnung können Sie besichtigen. *Tgl. 11–17 Uhr | Eintritt 3,50 Euro | www.kijkkubus.nl*

MARITIEM MUSEUM ⭐
In Rotterdams Zentrum liegt das Museum zur Geschichte der Seefahrt und des Hafens. Sehenswert ist das Museumsschiff *Buffel,* ein restauriertes Rammschiff der niederländischen Marine. *Di–Sa 10–17, So 11–17 Uhr | Eintritt 8,50 Euro, MK | Leuvehaven 1 | www.maritiemmuseum.nl*

MARKTHAL
Beim Anblick der 2013 eröffneten Markthalle kommt man aus dem Staunen nicht heraus. Das hufeisenförmige, elf Geschosse hohe Gebäude beherbergt einen Foodcourt mit 96 Ständen voller Leckereien ebenso wie 228 Wohnungen. Die Innenseite des imposanten Tonnengewölbes bedeckt ein Kunstwerk von Arno Coenen und Iris Roskam, das flie-

gendes Obst und Gemüse zeigt. *Mo–Do u. Sa 10–20, Fr 10–21, So 12–18 Uhr | Drs. Jan Scharpstraat | www.markthal.nl*

ESSEN & TRINKEN

OLIVA
Gute mediterrane Küche in einem minimalistisch eingerichteten Restaurant in der Galeriemeile. *Tgl. | Witte de Withstraat 15a | Tel. 010 4 12 14 13 | €€*

INSIDER TIPP ▶ TANTE NEL 🌿
Eine Frittenbude der besonderen Art: Die Pommes sind hausgemacht, die Kroketten biologisch, und an der Bar gibt es Gin & Tonic in unzähligen Variationen. *Mo. geschl. | Pannekoekstraat 53 | €*

ZEEZOUT
Fischrestaurant in schöner Lage am Fluss. Besonders empfehlenswert sind

die Überraschungsmenüs. *Di–So | Westerkade 11b | Tel. 010 4 36 50 49 | www. restaurantzeezout.nl | €€€*

nem früheren Fußgängertunnel beim Hauptbahnhof. Größtes Kino ist das *Pathé (Schouwburgplein 101)*.

EINKAUFEN

Große Ketten finden Sie um die *Lijnbaan,* einst erste Fußgängerzone Europas. Individuellere Boutiquen gibt es in der *Van*

ÜBERNACHTEN

NEW YORK

Stilvoll im früheren Abfertigungsgebäude für Passagierschiffe. Jedes Zimmer

Statt abfertigen stilvoll zur Nachtruhe betten: Hotel New York im früheren Passagiertermimal

Oldenbarneveltstraat und am *Meent.* In der *Witte de Withstraat:* Bistros, Cafés, Buchhandlungen, Galerien. Di und Fr ist Markttag bei der Sint Laurenskerk.

AM ABEND

Bars und Cafés finden Sie rund um den Oude Haven. In der Witte de Withstraat, vor allem in der Kneipe *De Witte Aep,* trifft sich die Kreativszene. Spektakuläre Club-Locations sind das gigantische *Maassilo (Maashaven Zuidzijde 1–2 | www.maassilo.com)* und das *Toffler (Weena Zuid 33 | toffler.nl)* in ei-

ist anders eingerichtet. *72 Zi. | Koninginnehoofd 1 | Tel. 010 4 39 05 00 | www. hotelnewyork.nl | €€–€€€*

NHOW HOTEL

Designhotel in einem der imposantesten Hochhäuser der Stadt. Coole **INSIDER TIPP** Bar im 7. Stock mit Blick auf die Erasmusbrücke. *278 Zi. | Wilhelminakade 137 | Tel. 010 2 06 76 00 | www. nhow-rotterdam.com | €€*

SMALL HOTEL

Winziges Boutiquehotel in der angesagten Witte de Withstraat, eingerichtet mit Naturstoffen. *6 Zi. | Witte de With-straat 94c | Tel. 010 4 14 03 03 | www.asmallhotel.nl | €€*

SS ROTTERDAM

Einst war die SS Rotterdam das größte Kreuzfahrtschiff der Niederlande. Nun liegt sie am Südufer der Maas und dient als Hotelschiff mit 254 Zimmern, die im Stil der Fünfziger Jahre eingerichtet sind. An Bord gibt es mehrere Bars und ein gutes Restaurant. Viele der traditionsreichen Räume – darunter die Brücke, die Kapitänskajüte und einige der historischen Säle – können Sie sich auch bei einer Führung mit Audioguide ansehen *(12,50 Euro)*. Oder Sie erkunden das Schiff ● gratis auf eigene Faust. *3e Katendrechtsehoofd 25 | Tel. 010 2 97 30 97 | ssrotterdam.com/hotel | €€*

AUSKUNFT

ROTTERDAM INFO
Coolsingel 195–197 | Tel. 010 7 90 01 85 | de.rotterdam.info

ZIELE IN DER UMGEBUNG

INSIDER TIPP BIESBOSCH ●
(128–129 C–D6) *(🗺 D8)*
Der Nationalpark Biesbosch (Binsenwald) ist gut mit Rad- und Wanderwegen erschlossen, Gelegenheiten zum Segeln und Kanufahren gibt es auch. Vom *Biesboschcentrum Dordrecht (Baanhoekweg 53)* fährt eine mit Sonnenenergie angetriebene ● Fähre zu einem Naturwanderweg mitten im Wald. *20 km südöstlich*

HOEK VAN HOLLAND **(128 A5)** *(🗺 C7)*
Fährhafen nach England, wegen seines Strandes beliebt (33 km westlich). Etwas außerhalb liegen die zwei riesigen el-fenbeinfarbenen Arme des ● Flutwehrs *Maeslantkering (Mo–Fr 10–16, Sa/So 11–17 Uhr | Havennummer 882)* im Nieuwe Waterweg. Das Besucherzentrum ist gratis. Per Knöpfchen kann man dort ein Modell des Flutwehrs öffnen und schließen. Essen geht man am besten in einer der vielen Strandbars, am Wochenende auch im schicken Beachclub *Sand (Zeekant 125)*.

SCHIEDAM **(128 B5)** *(🗺 C8)*
Der 9,5 km entfernte Ort mit 70 000 Ew. wurde als Geneverstadt bekannt. Ende des 19. Jhs. zählte das ehemalige Fischerdorf 400 Brennereien. Das historische Stadtbild beherrschen die fünf Mühlen, von denen zwei mit 33 m zu den höchsten der Welt zählen. In der Mühle *De Noord* ist ein Restaurant untergebracht, die Mühle *De Nieuwe Palmboom* bietet Raum für ein *Mühlenmuseum (Nov.–März Sa/So 12.30–17, April–Okt. Di–So 11.30–17 Uhr | Eintritt 4,50 Euro | Noordvest 34).*

LOW BUDGET

Rundfahrt fast für lau: Waterbus-Boote pendeln von Rotterdam aus täglich die Maas hinab bis nach Dordrecht und weiter in den Biesbosch. Hin- und Rückfahrt 6,60 Euro.

Ein beeindruckendes Küstenschutz-experiment gratis erleben: Vor dem Strand von Ter Heijde liegt seit 2011 der kostenlos zugängliche *Sandmotor*, eine künstliche Sandbank, so groß wie 256 Fußballfelder. Der Sand soll sich durch die Strömung allmählich an der Küste verteilen und der Erosion entgegenwirken.

RUND UMS IJSSELMEER

Die Landschaft ist weit, der Himmel scheint so hoch zu sein wie nirgendwo sonst. Der Wind bläst kräftig, kräuselt das Wasser, zerzaust die Bäume und trägt Gerüche von frischem Land und brackigem Wasser mit sich.

Eine Duftnote, die unnachahmlich die Polderlandschaft prägt. Die Bauern behaupten, dass man in dieser Gegend morgens bereits die Gäste in der Ferne sieht, die einem mittags den Genever austrinken. Die Weite der flachen Landschaft thematisierten Maler wie Hendrick Avercamp (1596–1656) und Jacob von Ruisdael (1628–82). Und über dem Land die Wolken, jene bekannten Kumulusgebilde, als Stapelwolken umschrieben, die typisch sind für die Bilder der alten Meistermaler. Historische Städte wie Alk-maar, Enkhuizen, Hoorn, Haarlem oder Monnickendam haben sich einen gemütlichen Charakter bewahrt, umschlossen von Vorortsiedlungen, Industrie, Blumenzuchtfeldern und Bauernland.

Die niederländischen Strände werden im Lauf der Zeit immer weiter. Mehrere Millionen Kubikmeter Sand werden Jahr für Jahr von Den Helder im Norden der Provinz Nordholland bis zur Mündung des Nordseekanals ins Meer bei IJmuiden durch Sandspülungen aufgeschüttet, um zu verhindern, dass die Küste weiter abgetragen wird. Sandspülungen haben einen willkommenen Nebeneffekt: Der Strandtourismus in dieser Region wird gefördert. Beliebte Badeorte wie Bergen, Egmond, Schoorl oder Zandvoort profitieren davon.

Im Land der Meistermaler:
Die Halbinsel Holland lädt mit ihren Stränden
zu einer Entdeckungsreise ein

ALKMAAR

(126 A6) (⟐ D5) Keine Stadt lebt das Hollandklischee so stilecht wie Alkmaar. Sommer für Sommer inszeniert sie ihren wöchentlichen Käsemarkt. Er ist die touristische Attraktion an der Küste.
Eine Attraktion sind auch die 400 historischen Häuser, die von der Blütezeit der Stadt erzählen. Diese begann im 16. Jh. nach dem 80-jährigen Krieg gegen Spanien. Schon damals war Alkmaar

(95 000 Ew.) eine altehrwürdige Schönheit, der 1254 die Stadtrechte verliehen wurden. Das Zentrum mit Grachten und Gassen, Mühlen und rotem Backstein hat sich seinen Charme bewahrt.

SEHENSWERTES

GROTE KERK
Die spätgotische Sint Laurenskerk (erbaut 1470–1516) besitzt eine mächtige Kirchenorgel, die als eine der ältesten des Landes gilt. *Koorstraat 2*

Keine Lust auf Käse? Alkmaars hübsche Altstadtstraßen bieten auch Alternativen

STADHUIS

Das um 1500 errichtete Rathaus macht mit seinem markanten Turm auf sich aufmerksam. *Langestraat 97*

ESSEN & TRINKEN

CAFÉ BALI

Modern eingerichteter Indonesier mit leckeren *rijsttafels* (Probiermenü mit vielen kleinen Gerichten). Auch die Hühnersuppe *Soto Ayam* ist empfehlenswert. *Mi–So | Houttil 8 | Tel. 072 2 20 22 09 | €*

EINKAUFEN

MÄRKTE

Jeden Freitag stapeln sich die Käselaibe auf dem Platz an der Stadtwaage. Der *historische Käsemarkt (April–Sept. Fr 10–12.30 Uhr)* zieht viele Touristen an.

ÜBERNACHTEN

HET KASTEELTJE

Übernachten im Märchenschloss: Das historische Haus im Zentrum Alkmaars bietet zwei modern eingerichtete Apartments für 4 bzw. 2 Personen. Auch Fahrradverleih. *Gedempte Baansloot 12 | Tel. 072 5 40 40 96 | €€*

AUSKUNFT

VVV ALKMAAR

Waagplein 2 | Tel. 072 5 11 42 84 | info@vvvalkmaar.nl

BERGEN

(126 A5–6) (*∅ D5*) **Die ehemalige Malerkolonie ⭐ Bergen (12 000 Ew.), durch eine Parkallee mit dem Badeort Bergen aan Zee verbunden, ist von Wald umgeben.**

Sein breiter Sandstrand und das weite Dünengebiet, durch das Sie wandern und radeln können – etwa nach Schoorl oder Egmond –, geben dem Städtchen seine ganz besondere Note. Anfang des 20. Jhs. erholten sich hier Kaufleute und Künstler aus Amsterdam. Bis heute konnte sich Bergen seinen Charme bewahren.

Die vielen schönen, teilweise reetgedeckten Villen sind typisch.

ESSEN & TRINKEN

THE BOURBON ROOM
Wildspezialitäten und Barfood aus
der offenen Küche, dazu eine große
Weinauswahl. *Di geschl. | Jan Olden-
burglaan 7 | Tel. 072 5 81 36 96 | www.
thebourbonroom.nl | €€*

WONDER'S
Dieses entspannte Restaurant mit de-
zent arabisch angehauchter Lounge-Ein-
richtung bietet eine internationale Kar-
te. *Tgl. | Breelaan 11 | Tel. 072 5 81 56 56 |
www.wonders-bergen.nl | €€*

ÜBERNACHTEN

HET RAADHUYS
Im Örtchen Sint Maarten übernachten
Sie im Rathaus: Eine Hälfte des denk-
malgeschützten Gebäudes ist eine Fe-
rienwohnung. *Hoge Buurt 7 | Tel. 0224
56 33 26 | www.hetraadhuys.com | €*

HOTEL BOSCHLUST
Das kleine Hotel besticht mit Bauern-
hofflair und Restaurant. *21 Zi. | Kruis-
weg 60 | Tel. 072 5 81 20 60 | www.
boschlustbergen.nl | €*

MERLET
Dieses komfortable Landhaus finden Sie
mitten in den Dünen. Sie können im Res-
taurant auch sehr gut essen. *18 Zi. | Duin-
weg 15 | Schoorl | Tel. 072 5 09 36 44 |
www.merlet.nl | €€€*

AUSKUNFT

VVV BERGEN
*Plein 1 | Tel. 072 5 81 31 00 | www.vvv
hartvannoordholland.nl*

ZIEL IN DER UMGEBUNG

EGMOND AAN ZEE (126 A6) (*ഡ D5*)
Der sehr gut besuchte Badeort ist vor
allem wegen des kinderfreundlichen
Strands und der vielen Wandermöglich-
keiten im Dünengebiet beliebt. Im Dorf
stand das Stammschloss der Grafen von
Egmond, das 1573 von Spaniern zerstört
wurde. Die Ruinen können besichtigt
werden. *10 km westlich*

ENKHUIZEN

(126 C5) (*ഡ E4*) **Die Stadt Enkhuizen
(17 000 Ew.) ist heute als niederländisches Wassersportzentrum bekannt.**
Im Buitenhaven liegen dicht an dicht die
historischen Boote, mit denen man übers
IJsselmeer, zu den Nordseeinseln, nach

⭐ **Bergen**
Reizvoller Ort mit hübschen
Landhäusern → S. 58

⭐ **Zuiderzeemuseum**
Freilichtmuseum im Stil eines
altholländischen Städtchens
→ S. 60

⭐ **Marken**
Pittoreskes, ehemaliges Fischerdorf → S. 63

⭐ **Schokland**
Ehemalige Insel mit historischen
Gebäuden → S. 64

⭐ **Haarlem**
Die hübsche Altstadt der Blu-
menmetropole Haarlem bietet
historische Häuser und Einkaufs-
vergnügen pur → S. 68

MARCO POLO HIGHLIGHTS

Dänemark, England oder nach Norwegen segeln kann.

FLESSENSCHEEPJESMUSEUM

Wie kommt das große Segelschiff bloß in so eine kleine Flasche? Das erfährt man im *Buddelschiffmuseum*, das mehr als 750 der kleinen Kunstwerke besitzt. *Tgl. 12–17 Uhr | Eintritt 4 Euro | Zuiderspui 1*

STADTBEFESTIGUNG ⚜

Von der Stadtbefestigung steht noch der mächtige **INSIDER TIPP** Rundturm, *Drommedaris* genannt, der während der Kolonialzeit Gefängnis war. Vom Turm hat man einen schönen Rundblick über Hafen und Stadt. *Am Hafen*

DE WAAG

Die Stadtwaage ist ein im Stil der Frührenaissance (1599) errichtetes Haus. *Kaasmarkt*

ZUIDERZEEMUSEUM ⭐ ●

Es birgt gleich zwei Museen: Das Innenmuseum, ein Lagerhaus der VOC des 17. Jhs., stellt historische Boote aus – die höchste Mastspitze reicht mit 14 m bis unter die Decke – sowie Möbel, Trachten und Gemälde. Seit einigen Jahren wird auch zeitgenössisches Design gezeigt. Das rund 500 m entfernte **INSIDER TIPP** Freilichtmuseum dokumentiert die Handwerker- und Fischereikultur rund um die frühere Zuiderzee. Auf einem weiten Areal, durchzogen von Kanälen, wurden rund 135 Gebäude aus Dörfern originalgetreu wieder aufgebaut und im Stil ihrer Zeit (1880–1932) eingerichtet. Auf dem Kindereiland wird in „Siberie" das Leben um 1930 nachgespielt. *Tgl. 10–17 Uhr, Freilichtmuseum nur April–Okt. | Eintritt 14,50 Euro, MK | Wierdijk 20–22 | www.zuiderzeemuseum.nl*

DE ADMIRAAL

Altes Seemannscafé mit riesiger, bei Regen mit einem Segel überspannter Terrasse gegenüber des Hafens. Leckere Fischgerichte. *Tgl. | Havenweg 4 | Tel. 0228 31 92 56 | €€*

VAN BLEISWIJK

Café-Restaurant im alten Regentenhaus. *Tgl. | Westerstraat 84–96 | Tel. 0228 32 59 09 | €€*

ALLES KÄSE!

Als Besucher kann man nur darüber staunen, wie hauchdünn der Käse im Käseland Holland geschnitten wird. Mit dem handelsüblichen *kaasschaaf*, einem speziellen Hobel, erlangt das Milchprodukt eine köstliche Transparenz. Im 17. Jh. wurde der Käse noch von Hand hergestellt. Heute gibt es mehr als drei Dutzend Fabriken, in denen Gouda, Leerdamer und Edamer am Fließband produziert werden. Wenn man etwas sucht, findet man aber auch lokale Käsespezialitäten von kleinen Bauern. Sie werden allerdings selten im Supermarkt verkauft, sondern eher in Bauernhofläden wie *De Oude Boerderij (Di, Do–So 11–18 Uhr | Noorderweg 8 | Beverwijk)* oder *Kaasboerderij Zeilzicht (Sa 9–17 Uhr | Westdijk 15 | Zuid-Schermer)*.

ÜBERNACHTEN

DIE PORT VAN CLEVE

Ein Hotel mit historischem Charme und elegantem Restaurant. Die 26 Zimmer sind modern möbliert. *Dijk 74–78 | Tel.*

weltfreundlicher –  Kanus für Ausflüge durch die weitläufige Wasserlandschaft. Gemütlich sitzen Sie im Café *De Witte Swaen (tgl. | Dorpsstraat 11/13 | €)* in einem Haus aus dem Jahr 1596. Spezialität: Pfannkuchen.

Einmal Waschen und Legen! Zum Zuiderzeemuseum gehört ein historischer Friseursalon

0228 31 25 10 | www.deportvancleve. nl | €

ZIELE IN DER UMGEBUNG

BROEK IN WATERLAND
(129 D2) *(⌘ E5)*

Ein Hollandidyll ist dieses ca. 65 km entfernte Dorf (2000 Ew.) mit seinen hübschen Holzhäuschen. Besonders malerisch ist das Viertel *Havenrak,* einst der Ortshafen. Am nördlichen Dorfrand vermietet *Waterland Recreatie (April–Okt Di–So 10–17 Uhr | Drs. J. van Disweg 4 | www.fluisterbootvaren.nl)* ● Flüsterboote mit Elektromotor und – noch um-

Lust auf einen Tee im Grünen? Dann ist die ● *Theeschenkerij (April–Nov. Sa/So 12–17 Uhr | Zuiderwouderdorpsstraat 78 | Tel. 020 4 03 11 11 | www.ttuin.nl | €)* einen Abstecher wert. Versteckt am Rande des Dörfchens *Zuiderwoude* (4 km entfernt) liegt das schmucke Anwesen. Im Garten wird britische Teekultur serviert: High Tea, Sandwiches und Kuchen. Die Gäste kommen mit dem Rad, dem Auto oder dem Boot – es gibt einen eigenen Anleger.

EDAM **(126 B6)** *(⌘ E5)*

Weltberühmt wurde Edam (7400 Ew., 40 km südlich) durch die kugelrunden

Käse, die hier schon im 17. Jh. verkauft wurden. Heute ist der Ort mit hübschem historischem Zentrum eher ruhig. An der Waage: Käsemarkt mittwochmorgens im Juli und August. Feine Küche und 23 Zimmer in einem althölländischen Haus bietet *De Fortuna (Spuistraat 3 | Tel. 0299 37 16 71 | www.fortuna-edam.nl | €€)*.

HOORN (126 B6) (*♨ E5*)

Hoorn (60 000 Ew., 18 km westlich) wurde im 14. Jh. von norddeutschen Kaufleuten gegründet und war einmal einer der wichtigsten Sitze der VOC. Heute sind Tourismus und Wassersport die Haupteinnahmequellen. Wer durch die Gassen der Stadt geht, findet noch **INSIDER TIPP** 300 Gebäude aus dem Goldenen Zeitalter. Gegenüber der Stadtwaage birgt das 1632 erbaute Proostenhuis das *Westfries Museum (Mo–Fr 11–17, Sa/So 13–17 Uhr | Eintritt 8 Euro, MK | Rode Steen 1 | www.wfm.nl)* mit Sammlungen zur Stadtgeschichte. Ein uriges Interieur hat das Restaurant *De Hoofdtoren (tgl. | Hoofd 2 | Tel.*

0229 21 54 87 | €€), in einem kerzenbeleuchteten Hafenturm.

MEDEMBLIK (126 C5) (*♨ E4*)

Von Enkhuizen aus können im Sommer Ausflüge mit dem Boot nach Medemblik (7000 Ew.), dem ältesten Ort Westfrieslands (aus dem 10. Jh.), unternommen werden. Vor dem Bau des Abschlussdeichs war Medemblik ein Handelshafen, heute ist der 20 km von Enkhuizen entfernte Ort vor allem Ziel für Wassersportler. Sehenswert sind die spätgotische Hallenkirche *Sint Bonifatius* (15./16. Jh.) und *Schloss Radboud* (1288). Direkt am Yachthafen gelegen ist das *Hotel Medemblik (Oosterhaven 1 | Tel. 0227 54 38 44 | www.hetwapenvanmedemblik.nl | €)* mit 26 Zimmern und einem guten Restaurant. Etwas außerhalb liegt der Bauernhof *Lelyhoeve (Zuiderkwelweg 1 | Wieringerwerf | Tel. 020 4 60 91 50 | www.restinn.nl | €)*, auf dem Sie eins von fünf witzigen kleinen Hotelhäuschen mieten können. Zwischen Medemblik und Hoorn

Dieses schmucke Holzhäuschen steht samt Windmühle in Volendam

verkehrt eine `INSIDER TIPP` *Historische Eisenbahn* (Ostern–Ende Nov. | Tel. 0229 21 48 62 | www.museumstoomtram.nl). Gezogen von einer alten Dampflok zuckelt der Zug etwa anderthalb Stunden lang durch die Landschaft.

MONNICKENDAM (129 D2) (*E5*)
An die ruhmreiche Vergangenheit der einst wohlhabenden Stadt 48 km südlich erinnern nur noch einige *Bürgerhäuser*, das *Rathaus* und die *Grote Kerk* (14. Jh.) an. Wie Hoorn und Enkhuizen war Monnickendam (11 000 Ew.) damals eine große Hafenstadt, bis sie vom Konkurrenten Amsterdam überflügelt wurde und verfiel. Yachthafen, `INSIDER TIPP` *Aalräuchereien und zahlreiche Imbisse* mit Fischsnacks am Wasser.

VOLENDAM (129 D2) (*E5*)
Das Markenzeichen von Käsefrau Antje aus der Werbung, die Spitzenhaube *hulletje*, wurde in diesem viel besuchten Fischerdorf erfunden (18 000 Ew., 44 km südlich). Es hat als Werbeträger bereits Sängern und Fußballern zum Erfolg verholfen. Interessant die Holzkirche von 1685, kurios das `INSIDER TIPP` *Hotel Spaander* (80 Zi. | Haven 15 | Tel. 0299 36 35 95 | www.hotelspaander.com | €€) am Hafen wegen seiner altholländischen und künstlerischen Atmosphäre (mit Restaurant). Vom Volendamer Hafen aus fahren Boote nach ★ *Marken*, einer früheren Fischerinsel (man kann sie auch über einen Damm erreichen). Das Museumsdorf Marken ist das calvinistische Gegenstück zum lebensfrohen katholischen Volendam. Die Holzhäuschen sind in Grün, Silbergrau oder Teerschwarz gestrichen. Wie beengt die Fischerfamilien früher wohnten, sehen Sie im *Marker Museum* (tgl. 10–17 Uhr | Eintritt 2,50 Euro | Kerkbuurt 44–47). Gar nicht beengt, sondern charmant und stilvoll

übernachten Sie mitten im Ort im kleinen Hotel *Hof van Marken* (7 Zi. | Buurt II 15 | Marken | Tel. 0299 60 13 00 | www.hofvanmarken.nl | €€).

FLEVOLAND

(129 E–F 1–3) (*E–G 5–6*) Bei einer Reise durch die „Meeresprovinz" wird man immer wieder daran erinnert, wie dem Wasser Land abgerungen wurde.
Flevoland ist die jüngste Provinz der Niederlande: eine zwischen 1942 und 1968 aus dem Meer gewonnene Kunstlandschaft, bis zu 5 m unter dem Meeresspiegel liegend – und platt wie ein Billardtisch. Hauptstadt mit 60 000 Ew. ist *Lelystad (125 F1) (*G5*)*, viele Dörfer im Umland sind auf dem Reißbrett entstanden. Das 1410 km² große Gebiet besitzt 21 Yachthäfen mit rund 7000 Liegeplätzen, zahlreiche Bungalowdörfer sowie das Naturschutzgebiet *Oostvaardersplassen* mit Seen, Sumpf und Wäldern.

AUSKUNFT

INFOPUNKT
De Diagonaal 199 | Almere | Tel. 036 5 48 50 41 | www.vvvalmere.nl

ZIELE IN FLEVOLAND

BATAVIA STAD ● (129 F1–2) (*F5*)
Großes Fabrikverkaufszentrum. Outletshops bekannter Marken mit vergünstigter Damen-, Herren- und Kindermode, aber auch Sportkleidung, Taschen und Kosmetik. *Mo–Fr 10–18, Sa/So 10–19 Uhr | Bataviaplein 60 | Lelystad | www.bataviastad.nl*

BATAVIA-WERFT (129 F1) (*F5*)
Die fast 60 m lange Batavia, die während ihrer ersten Reise vor der Küste Westaus-

traliens sank, wurde rekonstruiert. Im Besucherzentrum gibt es Werkstätten und eine Taverne zu besichtigen. *Tgl. 10–17 Uhr | Eintritt 11 Euro | Oostvaardersdijk 1–9 | Lelystad | www.bataviawerf.nl*

NIEUW LAND ERFGOEDCENTRUM
(129 F1–2) (*Ⅲ F5*)

In dem futuristisch anmutenden Gebäude wird die beeindruckende Geschichte des niederländischen Kampfes gegen das Wasser erzählt (teilweise interaktiv). Alte Filme und Fotos veranschaulichen die Landgewinnung und den Deichbau. *Di–Fr 10–17, Sa/So 11.30–17 Uhr | Eintritt 9 Euro, MK | Oostervaardersdijk 113 | Lelystad | www.nieuwlanderfgoed.nl*

SCHOKLAND ⭐ (127 E6) (*Ⅲ F5*)

Schokland wurde im Jahr 1996 von der Unesco zum Weltkulturerbe erklärt. Noch heute erkennen Sie die frühere Insel schon von Weitem als einen einzigen Hügel im pfannkuchenflachen Polder. Früher lag sie mitten in der stürmischen Zuiderzee, Schoklands Bewohner pflegten ihre eigene Traditionen und Bräuche. Das winzige Anwesen besteht aus einer kleinen Kirche, ein paar Häusern, dem Museum und einem Restau-rant. *April–Okt. Di–So 11–17, Nov.–März Fr–So 11–17 Uhr | Eintritt 6 Euro | www.schokland.nl*

URK (127 D6) (*Ⅲ F5*)

Das bereits im Jahre 966 erwähnte Fischerdorf Urk, 30 km von Lelystad entfernt, war bis 1939 ebenfalls eine Insel in der Zuiderzee. In dem frommen Ort (15 000 Ew.) mit seinen 17 Kirchen ist das Arbeiten am Sonntag immer noch verboten. Lebendig ist es am Freitag, wenn die Fischtrawler, die modernsten Hollands, vom Fang zurückkehren. In den beschaulichen Hafen kommen aber nur kleine IJsselmeerfischerboote, denn die großen Nordseekutter haben zuviel Tiefgang. Vom 🔆 alten Leuchtturm, direkt am Wasser, hat man einen herrlichen Panoramablick über das Dorf. Im Juli und August findet samstags um 13 Uhr eine anderthalbstündige **INSIDER TIPP ▸** *Rundfahrt (12,50 Euro | Burg. J. Schipperkade | Tel. 06 53 60 88 13 | www.de-zuiderzee.nl)* auf dem IJsselmeer statt. Dieselbe Reederei betreibt auch einen *Fährdienst nach Enkhuizen (15 Euro | Mo–Sa, Abfahrt 9 u. 16 Uhr)*. Am Hafen gibt es einige Fischrestaurants, u. a. *De Kaap (tgl. | Wijk 1 5 | Tel. 0527 68 15 09 | €€)*.

HÄSCHEN AM STIEL

Immer mehr niederländische Strände sind mit bunten Pfählen versehen, auf denen niedliche Comic-Tierfiguren zu sehen sind. Sie stammen von Dick Bruna, dem Schöpfer des Kaninchens Miffy, das in den Niederlanden Nijntje heißt und die populärste Kinderbuchfigur weit und breit ist. Bruna schuf Nijntje bereits 1955, weiß seine Kreation aber noch immer geschickt zu vermarkten. Und so werden immer mehr Strände mit seinen Figuren als Orientierungshilfe ausgestattet. Es gibt z. B. in Zandvoort, Egmond, Hoek van Holland, Scheveningen, Domburg und IJmuiden. Netter Effekt: Wenn die Sprösslinge spielen gehen, brauchen sie sich nur zu merken, dass sie Mama und Papa in der Nähe des Teddybären oder der Ente wiederfinden.

FRIESLAND

(127 D–F 1–4) *(⌖ E–H 1–3)* **An den Autos sieht man die Aufkleber FRL, und überall weht die friesische Flagge mit den sieben roten Seerosenblättern.**
Fryslân heißt die Provinz, in der man stolz ist, kein Holländer zu sein und seine eigene Sprache, nämlich Friesisch, zu sprechen. Die meisten Ortsschilder sind zweisprachig beschriftet: So heißt etwa die Provinzhauptstadt *Leeuwarden* auch *Ljouwert* und das Städtchen *Franeker* trägt auch den Namen *Frjentsjer*.

Eislaufmarathon über Grachten und Kanäle entlang elf historischer Städte. Auch kulinarisch hat Friesland einiges zu bieten. Berühmt sind der nelkengespickte *nagelkaas* und der Berenburger Schnaps.

ZIELE IN FRIESLAND

FRANEKER (FRJENTSJER)
(127 D2) *(⌖ F3)*
Dieses verschlafene Grachtenstädtchen (12 000 Ew.) war vor langer Zeit eine bedeutende Universitätsstadt. Sogar René Descartes hat hier im 18. Jh. studiert. Hauptattraktion ist jedoch das **INSIDER TIPP** *Eisin-*

Trocken gefallen: Das idyllische Schokland lag einst sturmumbraust in der wilden Zuiderzee

Die relativ dünn besiedelte, ländliche Provinz ist v. a. wegen ihrer Naturschönheiten und historischen Orte bekannt. Die IJsselmeerküste und die friesischen Seen machen sie zum Wassersportparadies – Strände gibt es dagegen wenige. Wenn es im Winter einmal richtig friert, findet hier die *elfstedentocht* statt: ein

ga-Planetarium (Di–Sa 10–17, So 13–17 Uhr | Eintritt 4,75 Euro | Eise Eisingastraat 3 | www.planetarium-friesland.nl), ältestes noch funktionierendes Planetarium der Welt. Der Wollkämmer Eise Eisinga baute das wunderschöne blau-goldene Konstrukt vor gut 200 Jahren in seiner Freizeit an seiner Wohnzimmerdecke.

HARLINGEN (HARNS) (127 D3) (*m F3*)

Als Fährhafen nach Terschelling und Vlieland ist Harlingen (17 000 Ew.) ein idealer Ausgangspunkt für Fahrten durchs Wattenmeer. Die kleine Seefahrerstadt mit den alten Lagerhäusern hat einen geschlossenen Stadtkern mit mehr als

HINDELOOPEN (HYLPEN) (127 D4) (*m F3*)

Das friesische Seefahrerstädtchen mit der ruhmreichen Vergangenheit als Hansestadt macht einen eher verträumten Eindruck, war aber im 14. Jh. ein wichtiger Fischereihafen und erlebte im 17. und

Blickfang seit Jahrhunderten: die markante Kirche von Hindeloopen

500 historischen Gebäuden. Im Hannemahuis befindet sich das *Städtische Museum (Di–Fr 11–17, Sa/So 13.30–17 Uhr | Eintritt 5 Euro | Voorstraat 56 | www. hannemahuis.nl)*.

Eine echt altfriesische Herberge ist *t'Heerenlogement (25 Zi. | Franekereind 23–25 | Tel. 0517 4158 46 | www. heerenlogement.nl | €)*, in deren Restaurant Sie mit friesischen Spezialitäten verwöhnt werden. Auch Freunde ausgefallener Unterkünfte finden eine passende Bleibe. Ein alter **INSIDER TIPP** *Leuchtturm und ein Hafenkran (Tel. 0517 4144 10 | www.vuurtoren-harlingen.nl)* bieten Platz für zwei Gäste. Frühzeitig buchen, oft ist der Kran ausgebucht!

18. Jh. seine Blütezeit. Die das Stadtbild beherrschende *Kirche* wurde mehrmals umgebaut, zuletzt im 19. Jh. Wahrzeichen ist der wuchtige viereckige *Turm*. Im Zentrum finden Sie einige hübsche *Commandeurshuizen* und alte Holzbrücken. Bekannt ist die Stadt (900 Ew.) wegen ihrer blumigen Möbelmalerei und ihrer traditionellen Tracht. Mehrere Ateliers verkaufen Hindelooper Möbel. In der *Marina Hindeloopen (Tel. 0514 68 46 84)* haben 550 Segelboote Platz.

LEEUWARDEN (LJOUWERT) (127 E2) (*m F2*)

Die Provinzhauptstadt (85 000 Ew.) besitzt ein ruhiges Zentrum und schöne Kanäle (Over de Kelders und Voorstreek). Wahrzeichen ist der schiefe, 40 m hohe *Oldehove Toren (Mai–Okt. Di–So 13–17 Uhr | Olderhoofsterkerkhof 1)*, von dem man eine schöne Aussicht hat. Die *Grote Kerk (Jacobijnerkerkhof 95)* stammt aus dem 13. Jh. Im *Fries Museum (Di–So 11–17 Uhr | Eintritt 12 Euro, MK | Turfmarkt 1 | www.friesmuseum.nl)* gibt es Ausstellungen zu Archäologie und Textilverarbeitung zu sehen, eine Sammlung von Silberarbeiten und moderne Kunst. Im angeschlossenen INSIDER TIPP *Eysingahuis* hat man das Gefühl, bei einer adeligen Friesenfamilie zu Gast zu sein. Das Restaurant *De Vrouwenpoort (Nieuwestad 1 | Tel. 058 2 12 35 18 | €€)* bietet holländisches und mediterranes Slow Food in einem Haus am Stadtpark von 1567. Standesgemäß übernachten Sie im historischen *Stadhouderlijk Hof (28 Zi. | Hofplein 29 | Tel. 058 2 16 21 80 | www.stadhouderlijkhof.nl | €€)*. 2018 ist Leeuwarden Europäische Kulturhauptstadt.

MAKKUM (127 D3) *(F3)*

Ursprünglich war das hübsche Städtchen am IJsselmeer ein Fischerdorf. Inzwischen ist es dank seines großen Yachthafens vor allem bei Seglern beliebt. Von Makkum aus können Sie herrliche IJsselmeer-Segelfahrten machen, aber auch die Kanäle im Inland erkunden. Dienstags und donnerstags startet um 14 Uhr am *Turfmarkt* eine zweistündige *Kanalrundfahrt (Preis 10 Euro | Reservierung: preamke@makkum.nl)* im offenen Boot. Übernachten kann man im *Beach Resort Makkum (Langezand 2 | Tel. 0515 23 22 85 | www.makkumbeach.de | €€)*, das Strandvillen direkt am Wasser vermietet, aber auch günstigere Optionen bietet.

SNEEK (SNITS) (127 D3) *(F3)*

Mitten im friesischen Seengebiet liegt die zweitgrößte Stadt (30 000 Ew.) Frieslands. Sneek und Umgebung gelten als Hochburg des Wassersports, alle Seen und Flüsse der Gegend sind miteinander verbunden. Am Sneeker Meer liegt einer der größten Yachthäfen Europas. Im Ortszentrum das Rathaus mit einer für Friesland seltenen Rokokofassade. Das *Wassertor* mit Türmchen (1613) ist Rest der ehemaligen Stadtbefestigung. Im *Fries Scheepvaart Museum (Mo–Sa 10–17, So 12–17 Uhr | Eintritt 6 Euro, MK | Kleinzand 14 | www.friesscheepvaartmuseum.nl)* sind Schiffsmodelle, Keramiken und alte Kostüme zu sehen.

WORKUM (WARKUM)

(127 D4) *(F3)*

Das Dorf (4000 Ew.) liegt an einem Kanal, der es mit dem IJsselmeer ver-

LOW BUDG€T

Gratis gruseln: Im Keller der *Nicolaaskerk* im friesischen Wiuwert gibt es vier jahrhundertealte Mumien zu bestaunen.

Die Stayokay-Jugendherberge von Heemskerk *(April–Okt. | Tolweg 9 | Tel. 0251 23 22 88 | www.stayokay.com)* bei Haarlem befindet sich im mittelalterlichen Schloss Assumburg. Ab 22 Euro p. P. übernachten Sie in der Orangerie oder im Turmzimmer.

Das familiengeführte Fischrestaurant *Smit-Bokkum (Mo geschl. | Slobbeland 19 | Tel. 0299 36 33 73)* ist ein Begriff in Volendam. Wer nicht allzu tief in die Tasche greifen will, kauft sich z. B. IJsselmeer-Aal in der hauseigenen Räucherei und sucht sich ein Picknickplätzchen am Wasser.

bindet, und hat mehrere Yachthäfen. In der 300 Jahre alten Werft *De Hoop* (*Seburch 7 | Tel. 0515 54 21 76 | www. werfdehoop.nl*) werden hölzerne Plattbodenschiffe gebaut, restauriert und vermietet. Stilvoll übernachten Sie im *B&B Olestaete* (*2 Zi. | Aldewei 26 | Tel. 0515 54 32 70 | www.olestaete.nl | €*) in einem alten Bauernhof oder im *Hotel de Gulden Leeuw* (*10 Zi. | Merk 2 | Tel. 0515 54 23 41 | www.deguldenleeuw. nl | €*).

HAARLEM

(128 C2) (*D6*) **Von Weitem sieht** ⭐ **Haarlem noch genauso aus wie auf Stadtansichten aus dem Goldenen Zeitalter: Die Grote Kerk dominiert die Skyline der Stadt zwischen der Nordseeküste und Amsterdam.**

🏙 WOHIN ZUERST?

Grote Markt: Auf dem von Cafés gesäumten Markplatz thront die *Grote Kerk,* daneben das Kunstzentrum *De Hallen,* gegenüber das alte *Rathaus.* Südlich schließt die Shoppingmeile *Grote Houtstraat* an. Ein Leitsystem führt in die Parkgaragen ums historische Zentrum. Am günstigsten liegt die *Raaks-Garage (Zijlvest 45).*

Aus der Nähe betrachtet erweist sich Haarlem als quirliges Städtchen mit vielen Einkaufs- und Ausgehmöglichkeiten. Die Hauptstadt der Provinz Nordholland (150 000 Ew.) ist etwas älter als Amsterdam und erhielt 1245 die Stadtrechte. Zahlreiche Künstler, Baumeister und Maler wohnten hier. Berühmtester Maler der Stadt war Frans Hals.

SEHENSWERTES

BAHNHOF

Ein Kleinod aus den Kindertagen der Eisenbahn, 1908 im Jugendstil mit Elementen aus Kacheln und Holz errichtet. Zwischen Amsterdam und Haarlem fuhr 1839 die erste Eisenbahn des Landes.

BAKENESSERKAMER ●

Ältestes *hofje* der Niederlande, 1395 als Witwenwohnheim gestiftet vom Kaufmann Dirck van Bakenes. Weiße Häuschen scharen sich um einen kleinen Garten. *So geschl. | Eingang Wijde Appelaarssteeg*

CRUQUIUSMUSEUM

Wo früher das Wasser des Haarlemmermeers plätscherte, befindet sich heute der älteste mit Dampfkraft trockengelegte Polder Hollands. Wie er entstand, wird hier anschaulich gezeigt. *Mo–Fr 10–17, Sa/So 11–17, Nov.–Feb. nur Mi und Sa/So 13–17 Uhr Uhr | Eintritt 7 Euro | Cruquiusdijk 27 | Cruquius | www. museumdecruquius.nl*

FRANS-HALS-MUSEUM ●

Werke der Maler der Haarlemer Schule, die als Wegbereiter der niederländischen Malerei gelten, bilden den Schwerpunkt der Sammlung. Höhepunkt ist der eindrucksvolle Zyklus der acht Gruppenbilder Haarlemer Regenten und Schützengilden (Schutters) von Frans Hals. Weitere große Maler wie Jan van Scorel und Maerten van Heemskerck sind vertreten. Außerdem sind Stilmöbel, Silberschmuck, eine rekonstruierte Apotheke, ein historisches Puppenhaus sowie Werke zeitgenössischer Fotografen ausgestellt. Im Zentrum des Vierflügelbaus befindet sich ein schöner **INSIDER TIPP** Museumsgarten. Von der einen Pforte schaut der „Pessimist" Herakles herunter, von dem anderen Tor der „Optimist" Demokrit. *Di–Fr 11–17, Sa/So 12–17 Uhr | Eintritt 12,50 Euro, MK | Groot Heilig-Land 62 | www.franshalsmuseum.nl*

SINT BAVO (GROTE KERK)

Auffallendstes Gebäude ist die spätgotische Kreuzbasilika Sint Bavo (14.–16. Jh.) am Grote Markt mit dem 80 m hohen, schlanken Turm. Der Großteil des Kircheninneren stammt noch aus der Zeit vor der Reformation, und das klingende Schmuckstück ist die weltberühmte Orgel von 1738. Händel, Mozart, Schubert und Liszt spielten hier. *Mo–Sa 10–16 Uhr, Orgelkonzerte Mai–Okt. Di 20.15, Juli–Aug. Do 16 Uhr | Grote Markt 22*

SINT BAVO KATHEDRAAL

Im westlichen Stadtteil an der Leidsevaart erhebt sich der eindrucksvolle Kuppelbau mit neugotischen und arabischen Stilelementen. Sint Bavo, errichtet 1927–1930, ist 100 m lang, 42 m breit und 61 m hoch. *April–Okt. Di–Fr 11–16, Sa 15–16 Uhr*

INSIDER TIPP TEYLERS MUSEUM

Das älteste Museum der Niederlande, 1778 vom Tuchhändler Pierre Teyler gegründet, besitzt eine charmant altmodische Sammlung. In klassizistischer Umgebung werden Tierskelette, Mineralien, wissenschaftliche Apparate, aber auch Zeichnungen von Michelangelo präsentiert. Am schönsten ist der *Ovale Saal* mit seiner Mahagoniholz-Einrichtung von 1784. *Di–Sa 10–17, So 12–17 Uhr | Eintritt 12 Euro, MK | Spaarne 16 | www.teylersmuseum.nl*

Abendstimmung am Grote Markt von Haarlem

Atmosphäre und bodenständiger Küche. *Tgl. | Nieuw Heiligland 3 | Tel. 023 5 31 10 78 | €*

DE LACHENDE JAVAAN

Fernöstliche Küche mit dem Schwerpunkt Java, die den Gaumen kitzelt. *Di–So | Frankestraat 27 | Tel. 023 5 32 87 92 | www.delachendejavaan.nl | €€*

EETKAMER KARMOZIJN

Ton Overbeek erledigt in seiner Eetkamer mit nur sechs Tischen alles selber, vom Kochen bis zum Bedienen. Seine französische Küche ist stadtbekannt. *Tgl. | Gierstraat 69 | Tel. 023 5 42 10 95 | €€€*

ESSEN & TRINKEN

DE ARK

Typisch holländisches *eetcafé* mit braunem Holzinterieur, geselliger bis lauter

EINKAUFEN

Wo Einkaufen viel Freude macht: Im Zentrum finden Sie viele kleinere nette Geschäfte. Rund um den Marktplatz, entlang der Gedempten Oude Gracht, in der Zijl- sowie in der Kruisstraat gibt es die meisten von ihnen, u. a. *Voet en Zoon* (Tabak), *Kruisstraat 39, Van der Pigge* (Kaffee und Tee), *Grote Hontstraat 81,* ferner den Seifenmacher *La Savonnière,*

STEMPELS

Modern designtes Hotel in einem prachtvollen alten Haus mit Stuckdecken direkt hinter der Grote Kerk. Auch das Restaurant ist sehr empfehlenswert. *17 Zi. | Klokhuisplein 9 | Tel. 023 5 12 39 10 | www. stempelsinhaarlem.nl | €€*

Zaandvoort: Am Hausstrand der Amsterdamer stolpert man von einer schicken Bar in die nächste

das Modegeschäft *Versato,* die Buchhandlung *Willa Reinke* und die Patisserie *De Taart van m'n Tante*.

AM ABEND

Abendlicher Treffpunkt ist der Grote Markt mit mehreren Restaurants und Cafés, z. B. dem *Café De Lift* oder dem *Grand Café Brinkmann (Brinkmannpassage 41)*.

ÜBERNACHTEN

CARILLON

Am Grote Markt gelegenes Zweisternehotel. *21 Zi. | Grote Markt 27 | Tel. 023 5 31 05 91 | www.hotelcarillon.com | €*

AUSKUNFT

VVV HAARLEM

Grote Markt 2 | Tel. 023 5 31 73 25 | www. haarlem.nl

ZIELE IN DER UMGEBUNG

BEVERWIJK (128 C2) (*M D5*)

Mit 3000 Ständen in fünf Hallen ist der *Beverwijkse Bazaar (Sa/So 8.30–18 Uhr | Eintritt 2,30 Euro | Parken 1,50 Euro/ Std.)* gigantisch. Von Gewürzen bis zu Trödel und Kleidung (auf dem *Zwarte Markt)* findet man fast alles. *Über A 9 Haarlem–Alkmaar, dann Afslag 8 | ca. 18 km entfernt*

IJMUIDEN (128 C2) (*D5*)

Der Vorhafen von Amsterdam und Hollands größter Fischereihafen (18 km nördlich von Haarlem) entstand 1875 fast zeitgleich mit dem Nordseekanal. Die Sehenswürdigkeiten von IJmuiden sind die vier Schleusen, von denen die *Noordersluis* von 1929, 50 m breit, 15 m tief und 400 m lang, die größte Europas ist. Von der Seebrücke beim *Zuiderpier* hat man einen guten Blick auf die ein- und auslaufenden Schiffe. Schöner Strand bei IJmuiderslag. Es gibt mehrere gute Fischrestaurants, z. B. *IJmond (tgl. | Seinpostweg 40 | Tel. 0255 513536 | €€€)* oder *Augusta (tgl. | Oranjestraat 98 | Tel. 0255 514217 | €€)*, leckere, kreative Küche in romantischer Umgebung.

ZAANSE SCHANS (124 C2) (*D5*)

Zaanse Schans ist ein 30 km entferntes *Freilichtmuseum* mit gepflegten grünen Holzhäusern und weißen Fensterläden, alten Lädchen und wuchtigen *Mühlen (Mitte April–Okt. tgl. 10–17 Uhr)*, von denen man drei besichtigen kann. Um 1900 gab es hier noch mehr als 100 Mühlen. Angeboten werden auch *Bootsrundfahrten auf der Zaan*. Schön am Wasser liegt das Restaurant *De Hoop op d'Swarte Walvis (Mo–Sa | Kalverringdijk 15 | Tel. 075 6165629 | €€€)* mit fantasievoller, aber teurer Küche.

ZANDVOORT (128 B–C2) (*D6*)

Wie Scheveningen und Renesse gehört Zandvoort (11 km südlich, 16 000 Ew.) zu den besonders beliebten Urlaubszielen an der niederländischen Nordseeküste. Jährlich zieht es rund 1,5 Mio. Besucher in diesen Badeort mit endlos langem Sandstrand, schöner Dünenlandschaft und vielen Restaurants und Cafés. Das „Amsterdam aan Zee" ist das Hausbad der Hauptstädter und beliebtes Tagesziel für Deutsche aus Ruhr- und Rheingebiet. Typisch sind die Karren am Strand, die frittierten Fisch, aber auch leckere Krabbenbrötchen anbieten. Hinter dem alten Leuchtturm in Richtung Noordwijk liegen ein FKK- und ein von Homosexuellen bevorzugter Strand. Die Ferienstadt zwischen dem Nationalpark Kennemerduinen und dem Nordseestrand ist schon mehr als 175 Jahre Seebad. Davon sieht man auf den ersten Blick nicht viel, denn der Ort wurde im Zweiten Weltkrieg von deutschen Bombern zerstört und besteht heute vor allem aus Hochhäusern und Apartmentblocks. Nur rund um die Straße Achterom gibt es noch einige *sloppies*, wie die kleinen weißen Fischerhäuschen genannt wurden.

Hinter dem Badeort erstreckt sich das großartige Naturschutzgebiet ● *Kennemerduinen* mit seinen Dünenfeldern, Schatten spendenden Waldgebieten und vielen Rad- und Wanderwegen. Es dient außerdem als Trinkwasserreservoir für Amsterdam. Villenvororte wie *Bloemendaal* prunken mit Landsitzen am Rand des Bollenstreek, des von Mitte März an blühenden Blumenlands. Der Strand von Bloemendaal ist in den vergangenen Jahren bei jungen, trendbewussten Amsterdamern beliebt: Zahlreiche Diskos und Clubs aus der Hauptstadt haben hier ihre **INSIDER TIPP** Strandlounges eröffnet. Populärer Beachclub ist ● *Rapa Nui (Blvd. Barnaart 27 | www.rapanui.nl)* mit karibischem Flair und wechselnden DJs. Die Auswahl an einfachen Pensionen ist groß: Das Familienhotel *Zuiderbad (26 Zi. | Blvd. Paulus Loot 5 | Tel. 023 5712613 | www.hotelzuiderbad.nl | €)*, am Strand gelegen, ist schlicht eingerichtet. Außerdem: Camping *De Branding (Blvd. Barnaart 30 | Tel. 023 7516800 | www.campingdebranding.nl | €)* und *De Duinrand (Blvd. Barnaart 68 | Tel. 023 5712412 | www.campingdeduinrand.nl | €)*.

WESTFRIESISCHE INSELN

Lange Sandstrände an der Nordsee und Deiche an der Wattseite: So idyllisch präsentieren sich die sechs Westfriesischen Inseln – bis auf eine Ausnahme.

Die Ausnahme heißt Rotterumrooq und ist dabei, zu verschwinden. Seit Langem holt sich das Meer die Insel Stück für Stück zurück, Vögel nutzen sie bis dahin als ungestörten Brutplatz. Menschen wohnen auf dem winzigen Eiland schon seit einem halben Jahrhundert nicht mehr, die meisten Touristen wissen gar nicht, dass es diese Insel überhaupt gibt. Wer Glück hat, erwischt einen Segler, der einen hinüberbringt.

Glück erlebt auch, wer den anderen, den bewohnten Inseln einen Besuch abstattet. Schon die Fahrt dorthin schafft Abstand zum Alltag. Auf einer Fähre nach Ameland, Schiermonnikoog, Texel, Terschelling oder Vlieland atmen Sie die salzige Luft der Nordsee – schöner kann ein Urlaub kaum beginnen.

Eine schöne Möglichkeit, die Fahrt übers Meer zu verlängern, ist das ⭐ *Inselhupfen*. Sie brauchen nur etwas Zeit, um die Tiden abzuwarten. Besonders gut können Sie das Wechselspiel von Ebbe und Flut erleben, wenn Sie mit einem Segelschiff unterwegs sind. Das Trockenfallen auf dem Watt bei Ebbe wird in diesem Fall zum großartigsten Erlebnis der Tour. Buchen können Sie sie z. B. bei *Eilandhopper (Tel. 06 38 29 74 49 | www. eilandhopper.nl).* Wollen Sie sich schneller fortbewegen, empfehlen sich Überfahrten mit motorisierten *hopboten.* Reedereien finden Sie auf den Websites

Auf Abstand zum Alltag:
Zwischen Nordsee und Wattenmeer liegen
die schönsten Sandstrände Europas

der VVV-Büros, z. B. *www.texel.net.* Dort können Sie sich auch Inselhüpf-Arrangements zusammenstellen.

AMELAND

(127 D–E1) *(🗺 F–G 1–2)* **Die Insel Ameland eignet sich mit ihren zahlreichen, gut ausgebauten Radwegen (in regelmäßigen Abständen hängen *fietspompen,* Fahrradpumpen, am Weg) besonders gut zum Radeln.**

Obwohl die Insel – der größte Teil ihrer fast 60 km² Fläche ist Naturschutzgebiet – nur etwa 3200 ständige Bewohner zählt, bietet sie ihren Gästen weit mehr als ähnlich große Gemeinden auf dem Festland. Bis zu 24 000 Feriengäste – vor allem auf Campingplätzen, in Gruppenunterkünften und Feriendörfern – finden Platz. Auf sie und die Tagesbesucher sind Infrastruktur, Gastronomie und Geschäftswelt ausgerichtet. Zwar wurden mit vereinzelten Badehotels einige große Bausünden begangen, aber inzwischen

Nes auf Ameland: alte Häuser mit Puppenstubencharme

sind die Bauauflagen zugunsten kleinerer Häuser verändert worden. In den Dörfern Hollum, Buren, Nes und Ballum ist mehr historische Substanz erhalten als auf den anderen großen Inseln. Hauptort ist *Nes,* wo die Fähre aus Holwerd anlegt. Reich geworden durch den Walfang, erlebte Ameland im 17. Jh. seine wirtschaftliche Blüte. Heute braucht die Fähre eine Dreiviertelstunde zum „Wattendiamanten", wie sich Ameland nennt.

SEHENSWERTES

BALLUM
In Ballum scheint die Uhr im 19. Jh. stehen geblieben zu sein. Sie finden herrliche alte Höfe, deren Baujahr Sie an den Ankerdatierungen ablesen können, und auch die *Hervormde Kerk* an der Dorfallee ist mit ihrer reich verzierten Kanzel aus dem 17. Jh. einen Besuch wert.

HOLLUM ⭐
Schönster und größter Inselort. An den mit Ziegelsteinen ausgelegten Straßen

stehen Kapitänshäuser und Bauernhöfe, in der *Johan Bakkerstraat Nr. 6* findet man das **INSIDER TIPP** älteste Haus der Insel von 1516. Wo Ooster- und Burenlaan sich treffen, steht die *Hervormende Kerk* mit wuchtigem Kirchturm. Der *Friedhof* birgt den Grabstein von Hidde Dirks Kat, dem landesweit bekannten Kommandeur der Walfischfänger. Der Ameländer, dessen Schiff im Winter 1777–78 im Eismeer strandete, konnte sich retten. Nach anderthalb Jahren Irrfahrt kehrte er auf seine Insel zurück.

LEUCHTTURM ☼
Wer die 235 Stufen bis zur 58 m hohen Plattform des weithin sichtbaren Leuchtturms von 1880 bei Hollum erreicht hat, wird mit einer herrlichen Weitsicht belohnt. *Jan.–April, Nov./Dez. Mi, Sa/So 13–17, April–Okt Mo 13–17, Di–Sa 10–17, Mi–Sa auch 19–21 Uhr | Eintritt 4,50 Euro*

NATUURCENTRUM AMELAND
Wie die Nordsee unter Wasser aussieht, erfährt man im Naturzentrum. Im gro-

ßen Aquarium wurde ein Stückchen Unterwasserwelt nachgebaut, inklusive echtem Wrack. *Nov.–März Mi–So 13–17, April–Okt. Mo–Fr 10–17, Sa/So 11–17 Uhr | Eintritt 6,25 Euro | Strandweg 38 | Nes*

NES

Die vielen Restaurants, Hotels und Geschäfte verleihen diesem Dorf einen kleinstädtischen Charakter. **INSIDER TIPP** Alte Kapitänshäuser wurden restauriert, Tante-Emma-Läden verwandelten sich in Boutiquen. Überragt wird der Ort vom Turm der *Hervormende Kerk* (1664), der als Seezeichen diente. Um die Kirche herum gruppieren sich die winzigen Häuser. Ein aus dem Jahr 1625 stammendes Gebäude steht im *Rixt van Doniaweg 8*.

ESSEN & TRINKEN

Die Cafés und Restaurants konzentrieren sich in Hollum und Nes, die größeren Hotels betreiben alle eigene Restaurants. Spezialitäten sind Lamm, Dünenkaninchen sowie Meeräsche und Wels aus der Inselzuchtstation.

HERBERG DE ZWAAN

Urig und gemütlich eingerichtete Herberge. Köstlich sind die gebackenen Muscheln. Spezialität des Hauses: Lammschmorbraten. *Zwaneplein 6 | Hollum | Tel. 0519 55 40 02 | €–€€*

DE KLIMOP

Rustikal eingerichtet mit Kamin. Stilvoll geht es am Abend zu, fleischlastige Karte. *Joh. Hofkerweg 2 | Nes | Tel. 0519 54 22 96 | €€*

NESCAFÉ

Typisches *eetcafé,* immer gut besucht. Kein Wunder, dass die Bedienung oft im Stress ist. Abwechslungsreiche Tagesge-

richte. *Van Heeckerenstraat 10 | Nes | Tel. 0519 54 27 60 | €€*

ONDER DE VUURTOREN

Das Pfannkuchenhaus am Leuchtturm ist eine Institution: Den Belag des Pfannkuchens darf man selber zusammenstellen oder aus der „Klassiker"-Liste wählen. Echt niederländisch: Apfel-Speck. *Oranjeweg 44 | Hollum | Tel. 0519 55 40 69 | €*

PURE PASSIE

Aal aus eigener Räucherei, Carpaccio vom Lamm und hausgemachte Pralinen gehören zu den Spezialitäten des gemütlichen kleinen Restaurants. *Strandweg 50 | Nes | Tel. 0519 54 33 66 | €€*

FREIZEIT & SPORT

ANGELN

Mit der MS Elisabeth-Rose kann man zum Hochseeangeln fahren. *Tel. 0519 54 22 70 | www.schuurmancharters-ameland.nl*

⭐ **Inselhüpfen**
Von Insel zu Insel übers Wattenmeer → S. 72

⭐ **Hollum**
Wie eine Puppenstubenwelt wirkt der schöne Ort auf Ameland mit seinen alten Kapitänshäusern → S. 74

⭐ **Strand-Express**
Treckertour über einen der breitesten Sandstrände Europas auf Schiermonnikoog → S. 78

⭐ **Ecomare**
Meerausstellung und Tierasyl auf Texel → S. 84

MARCO POLO HIGHLIGHTS

BADEN

Bei Nes und Buren bewachter Strand. FKK von Paal 4–7, 9–11,5 und ab Paal 17,2 erlaubt. Die Pfähle *(paal)* geben die Abstände von einem Ende der Insel zum anderen in Kilometern an.

FAHRRADFAHREN

Fahrradverleihe (auch Anhänger, Kindersitze und Bollerwagen) gibt es in jedem Ort. Einer der größten Vermieter ist *Nobel* mit Filialen in Nes *(Strandweg 4a | Tel. 0519 5 42 27 23)*, Ballum *(Cammighastraat 20 | Tel. 0519 55 42 78)* und Hollum *(Ymedunneweg 7 | Tel. 0519 54 27 23).*

REITEN

Nicht umsonst wird Ameland auch als Pferdeinsel bezeichnet. Auf den Reiterhöfen gibt es Übersichtskarten des dichten Reitwegenetzes. *Rijstal de Blinkert (Camminghastraat 13 | Ballum | Tel. 0519 55 40 59); Rijstal Nella Dorien (Oranjeweg 20 | Hollum | Tel. 0519 55 42 45)*

ROBBENBANKFAHRTEN

In der Sommersaison fahren mehrmals täglich kindergerecht ausgestattete Schiffe zu den Robbenbänken vor Ameland, darunter z. B. *MS Zeehond (Abfahrt am Fährsteg in Nes | Tel. 0519 55 46 00).*

WANDERN

Ein Ausflug zu Fuß führt über markierte Wege durchs Naturschutzgebiet *Het Oerd*. An der Wattseite erhebt sich die höchste ✿ Düne der Insel, von hier blickt man schön auf Wattenmeer und Festland. Regelmäßige Führungen durchs Watt.

ÜBERNACHTEN

CAMPING DUINOORD

Direkt am Strand liegt der große Campingplatz, der an Dünen und Wald grenzt. Für Jugendliche gibt es einen getrennten Bereich. *Jan van Eijckweg 4 | Nes | Tel. 0519 54 20 70 | www. campingduinoord.eu | €*

NOBEL

Bauernhaus mit Design-Innenleben: 19 moderne Zimmer zählt Hotel Nobel. Besonderheit ist die Dependance mit zwei Apartments (je 6 Pers.) in der alten Kirche von Ballum. *Gerrit Kosterweg 16 | Ballum | Tel. 0519 55 41 57 | www. hotelnobel.nl | €€*

STAYOKAY AMELAND

Jugendherberge, idyllisch in den Dünen gelegen. *144 Betten | Oranjeweg 59 | Hollum | Tel. 0519 55 53 53 | €*

AUSKUNFT

VVV AMELAND

Bureweg 2 | Nes | Tel. 0519 54 65 46 | www.vvvameland.nl

FÄHRE

Holwerd–Ameland: *Tel. Wagenborg 0519 54 61 11 | Abfahrtszeiten, Reservierung www.wpd.nl | Erw. 12,60 Euro, Pkw ab 79,40 Euro | Abfahrtszeiten Mo–Fr 7.30, 9.30, 11.30, 13.30, 15.30, 17.30, 19.30; Sa. 9.30, 13.30, 17.30, 19.30 Uhr (Juni–Aug. zusätzliche Fähren); So. 9.30, 13.30, 17.30, 19.30 Uhr (April–Okt. zusätzliche Fähren). Gebührenpflichtige bewachte Parkplätze in Holwerd*

SCHIERMON-NIKOOG

(127 F1) *(𝄞 G–H1)* ● **Schiermonnikoog ist eine einzige Überraschung. Die Watteninsel, seit 1988 Nationalpark und von den Einwohnern liebevoll *lytje pole***

(kleines Eiland) genannt, ist, abgesehen vom öffentlichen Verkehr, autofrei.

Der Name Schiermonnikoog – auf Friesisch heißt die Insel „Skiermountseach" – geht auf die grauen („schieren") Zisterziensermönche („monnik") des Klosters Claerkamp bei Dokkum zurück, die die Insel bereits im 12. Jh. besiedelt hatten. Die Niederländer lieben diese knapp 40 km² große Insel, betrachten sie als ihre letzte Oase und wachen eifersüchtig darüber, dass nicht allzu viele Fremde sie entdecken. Nur eine Dreiviertelstunde dauert die Überfahrt, und doch ist es so, als befände man sich danach in einer anderen Welt. Die rund 1000 Ew. leben im einzigen Ort mit demselben Namen, 1760 erbaut. Der Dorfkern steht unter Denkmalschutz. An die Epoche, als im Dorf Schiermonnikoog viele Walfänger lebten, erinnern die gewaltigen Walfischknochen, die in der Ortsmitte aufgestellt sind. Das Denkmal wurde zu Ehren des Entdeckungsreisenden und Seefahrers Willem Barentszoon errichtet. Die meisten der 300 000 Besucher im Jahr sind Tagesgäste, die Bettenkapazität wurde auf 5500 beschränkt, damit *lytje pole* nicht überlaufen wird.

Die Sandbänke vor Schiermonnikoog gelten als Kinderstube junger Seehunde. Die Insel ist ein Ziel für Vogelfreunde – vor allem im Frühjahr. Die Dünen sind hoch und alt, die Landschaft mit ihren Wäldern und Wiesen ist abwechslungsreich, **INSIDER TIPP** **ihre Strände gehören zu den breitesten Europas**. Rad- und Wanderwege durchkreuzen das Eiland, auf dem praktisch alles unter Naturschutz steht.

SEHENSWERTES

BEZOEKERSCENTRUM

Im Besucherzentrum wird anschaulich über biologische und ökologische Aspekte des Wattenmeeres und des Nationalparks informiert. Wattwanderungen, Fahrradtouren, individuelle und Gruppenexkursionen u. a. durch die Vogelbrutgebiete der *Kobbedünen* werden angeboten. Mo–Sa 10–12 und 13.30–17, So 10–14 Uhr | Eintritt 1 Euro | Torenstreek 20

Im Gänsemarsch auf dem Weg durch Schiermonnikoogs geschützte Dünen

BUNKER ☙

Auf einer der höchsten Erhebungen der Insel, der *Poemelsduin,* befinden sich die Reste eines Westwallbunkers aus dem Zweiten Weltkrieg. Von dem Bunker, von den Einheimischen „Wassermann" genannt, hat man eine herrliche Aussicht.

ESSEN & TRINKEN

DUINZICHT
Gemütliche Gaststätte mit Holzdielenboden. Spezialität ist *Tournedo Stroganoff,* das am Tisch zubereitet wird. Auch 8 Hotelzimmer. *Tgl. | Badweg 17 | Tel. 0519 53 12 18 | www.hotelduinzicht.nl | €*

DE MARLIJN
Strandcafé von der schickeren Sorte mit Austern- und Sashimibar. *Tgl. | Prins Bernhardweg 2 | Tel. 0519 53 13 97 | €€*

VISHANDEL
In dieser Snackbar gibt es den besten Fisch der Insel. Einfach, aber sehr gut. Auch zum Mitnehmen. *Di–So | Noorderstreek 38 | €*

FREIZEIT & SPORT

BADEN
Strand und Wasser Schiermonnikoogs zeichnen sich durch besondere Sauberkeit aus. Baden ist überall erlaubt. Der bewachte Teil liegt am Ende des Prins-Bernhard-Wegs. Zwischen Pfahl *(paal)* 2 und 7 ist Nacktbaden allerdings verboten. Bei Paal 3 können Sie Windschutz und Strandstühle mieten. Einmalig schön ist auch der Hochsand **INSIDER TIPP** Het Rif, der jedoch in der Vogelbrutsaison Mai–Aug. gesperrt wird.

STRAND-EXPRESS ⭐
Ein Trecker mit Personenanhänger tuckert am Nordseestrand entlang zur Ostspitze Balg. Wer will, kann bei schönem Wetter den kilometerlangen Weg am Strand zu Fuß zurückgehen. Karten beim VVV oder beim Vishandel.

SURFEN
Die besten Surfmöglichkeiten liegen zwischen Paal 3 und 4.

ÜBERNACHTEN

FERIENHÄUSER
Familie Soepboer vermietet Häuser in Ferienanlagen und freistehende. *Ab 210 Euro/Woche | Tel. 0519 53 13 08 | www.vakantiehuisjeswaddenrust.nl*

GRAAF BERNSTORFF
Badehotel im Dorfzentrum. Ein schickes, teures, gut besuchtes Brasserie-Café, Terrasse, Bar und Bibliothek sind angeschlossen. *17 Zi., 29 Apts. | Reeweg 1 | Tel. 0519 53 20 00 | www.bernstorff.nl | €€*

HERBERG RIJSBERGEN
Untergebracht im früheren Wohnhaus des Grafen Bernstorff am Ortsrand ist die Herberge auch für Gruppen und Familien geeignet. *17 Zi. | Knuppeldam 2 | Tel. 0519 53 12 57 | www.herbergrijsbergen.nl | €*

SEEDUNE
Am Waldrand gelegener Campingplatz, einziger auf der Insel. Max. 800 Urlauber können hier ihre Zelte aufschlagen. *Mitte Mai–Sept. | Seeduneweg 1 | Tel. 0519 53 13 98 | www.seedune.nl | €*

VAN DER WERFF
Beliebtes Ziel für Hollands stadtmüde Künstler und Intellektuelle. Das traditionsreiche Badehotel besitzt eine liebenswert verstaubte Atmosphäre. Treffpunkt für Insulaner und Urlauber ist das stimmungsvolle **INSIDER TIPP** *bruine café*, am Abend oft brechend voll. Guter Imbiss: Genever und *bitterballen. 43 Zi. | Reeweg 2 | Tel. 0519 53 12 03 | www.hotelvanderwerff.nl | €€*

AUSKUNFT

VVV SCHIERMONNIKOOG
Reeweg 5 | Tel. 0519 53 12 33 | www.vvvschiermonnikoog.nl

FÄHRE

Lauwersoog–Schiermonnikoog: *Tel. Wagenborg 0519 34 90 50 | Mo–Sa 6.30, 9.30, 12.30, 15.30, 18.30, So 9.30, 12.30, 15.30, 18.30 Uhr (Juli/Aug. zusätzliche Fähren) | Fahrpreis pro Person 12,80 Euro | Überfahrt 50 Min., keine Privatwagen erlaubt, gebührenpflichtiger Parkplatz am Hafen.* Am Fähranleger warten Busse und Taxen. Rundfahrten mit dem Schiff: *Tel. 0519 53 12 74*

TERSCHEL-LING

(126–127 C–D1) *(𝄞 E–F2)* Es ist immer eine richtige Seereise, die den Urlauber innerhalb von zwei Fahrstunden vom Festland nach Terschelling bringt.
Schon von Weitem ist der *Brandaris* zu sehen, der 54 m hohe Leuchtturm, der seit 1594 seine Lichtsignale aussendet.

Ursprünglich wurde die friesische Insel *Schylge* genannt, was so viel wie „Abgeschiedenheit" bedeutet, noch heute noch bezeichnen sich viele Insulaner stolz als *Schylger.* Was aber nicht bedeutet, dass sie abseits der Welt lebten. Historisch betrachtet besteht die zweitgrößte Insel der Niederlande (110 km² groß, 5000 Ew.) aus drei Teilen: West, Midsland und Oosterend, die im Laufe der Zeit durch Sandaufschüttungen und Deichbau zu einem Eiland wurden. Die gesellschaftlichen Unterschiede zeigen sich noch in West-Terschelling, in Midsland und in Oosterend: In allen drei Orten spricht man einen anderen Dialekt, singt seine eigenen Lieder und denkt dorfpatriotisch. Die wohlhabende Insel ist die Heimat des Seefahrers und Entdeckers Willem Barentszoon, der 1555 hier geboren wurde. Er entdeckte 1594 die Westküste von Nowaja Semlja im Eismeer und zwei Jahre später Grönland. Nach ihm wurde die Barentssee im Nordpolarmeer benannt.

Perfekter Orientierungspunkt: Brandaris, Terschellings 54 m hoher Leuchtturm

Zum Bild einer Insel gehören selbstverständlich auch die Bojen wie hier auf Terschelling

Die 28 km lange Insel steht zum größten Teil unter Naturschutz: Fast die Hälfte belegt allein das 44 km² große Naturreservat *De Boschplaat* im Nordosten, im Westen liegt **INSIDER TIPP** das pflanzenreiche Sandgebiet *Noordwarder*, auch unter Schutz. Rund 600 wilde Pflanzen wachsen auf Terschelling, darunter die roten Cranberries, aus denen Likör, Marmelade und Wein hergestellt wird. Der kilometerlange, weiße Sandstrand, stellenweise 500 m breit, zieht jährlich über 400 000 Besucher an, die Insel kommt auf rund 2 Mio. Übernachtungen. Vor allem bei der Jugend ist Terschelling beliebt. Mit seinen Bars und Diskotheken ist das Dorf Midsland touristisches Zentrum. Im Sommer feiert dort die niederländische Jugend ausgiebige, bisweilen gar exzessive Partys.

SEHENSWERTES

DE BOSCHPLAAT
Das Naturschutzgebiet, das sich über ein Drittel der Insel erstreckt, ist ein Naturdenkmal und Brutplatz für seltene Vögel. In dem Biotop wachsen elf Orchideenarten. Mai–Dez. gibt es geführte Exkursionen per Strandbus *(17,50 Euro | Abfahrt am Parkplatz Paal 8, West aan Zee | www.vvvterschelling.nl)*.

BRANDARIS
Brandaris mit seinen 54 m Höhe ist der älteste Leuchtturm des Landes (1594). Das Inselwahrzeichen kann man nur von außen besichtigen. Der wuchtige Turm gehört heute zu den modernsten Zentralen der Küstenüberwachung.

STRYPER TOTENACKER
Die Grabsteine der Walfänger und Seefahrer sind alt, krumm und verwittert. Der älteste stammt von 1594. Bereits um 900 n. Chr. soll an dieser Stelle eine Kapelle gestanden haben. *Midsland*

'T BEHOUDEN HUYS
Inselmuseum in zwei nebeneinanderstehenden Kapitänshäusern von 1668. Man bekommt Einblick ins Seenotret-

tungswesen, die Inselgeschichte und erfährt viel über den Seefahrer Willem Barentszoon. *April–Okt. Di–Fr 10–17, Sa/So 13–17 Uhr, Mitte Juni–Sept. auch Mo 13–17 Uhr | Eintritt 4 Euro | Commandeurstraat 32 | West-Terschelling | www.behouden-huys.nl*

WEST-TERSCHELLING

Hauptort und Fährhafen, der einzige Naturhafen des Landes, ist West-Terschelling, seit dem 13. Jh. bewohnt. Seinen Wohlstand hat das Dorf ebenfalls dem Wal- und Fischfang zu verdanken. An den alten Reichtum erinnern noch die hübschen Kapitänshäuser, die *Commandeurshuizen,* in der Dorfmitte. Am Hafen, in dem zahlreiche seetüchtige Oldtimer wie *Tjalken* und *Kuffen* liegen, stehen gepflegte, alte Hollandhäuser.

ESSEN & TRINKEN

D'DRIE GRAPEN

Bauernhof mit nostalgischem Interieur und Kamin. Traditionell holländische Karte. *April, Nov. Mi–So, Mai–Okt. Di–So, Dez. Do–So | Dorreveldweg 3 | Midsland | Tel. 0562 44 89 75 | €€*

STRANDPAVILJOEN DE WALVIS ☼

Strandpavillon mit schöner Aussicht auf Watt und ankommende Schiffe. Bei kalter Witterung wärmt die *Braune Bohnensuppe* gut durch. *Tgl. | Willem Barentszkade 1 | West-Terschelling | Tel. 0562 44 20 71 | €*

ZEEZICHT ☼

Ein Café-Restaurant am Fährhafen, mit **Aussichtsterrasse**, Kuchen und Fischgerichten. *Tgl. | Willem Barentszkade 20 | West-Terschelling | Tel. 0562 44 22 68 | €–€€*

EINKAUFEN

'T PIETER PEIT'S WINKELTJE ● 🍃

Winziger Laden voller kulinarischer Spezialitäten von der Insel, darunter ökologischer Cranberrysaft, Seeasterhonig und Schafskäse. *Midsland | www.pieterpeitswinkeltje.nl*

FREIZEIT & SPORT

ANGELN

Angelfahrten auf See, meist ab frühmorgens *(Auskunft beim VVV);* Strandangeln ist bei Paal 19 möglich.

EBBE & FLUT

Die Gezeiten, Tiden genannt, bestimmen den Lebensrhythmus an der Küste. Die Anziehungskraft des Mondes und die Fliehkraft der Erde sind die Ursache für die Gezeiten. An der Küste der Niederlande ist der Unterschied zwischen Ebbe und Flut, der Tidenhub, aufgrund der relativen Tiefe, aber geringen Ausdehnung der Nordsee nicht sehr groß. Zweimal pro Tag läuft das Wasser ab (Ebbe) und wieder auf (Flut). Die Tiden verlaufen parallel zum Mondaufgang, die Dauer einer Tide *(getij)* beträgt 6 Stunden und 13 Minuten. Auch wenn der Tidenhub an der westfriesischen Küste nicht so stark ist wie an der nordfriesischen, sollte man das Phänomen bei Wanderungen im Wattenmeer nicht unterschätzen. Informationen zu den Gezeiten: *live.getij.nl, getij.rws.nl*

BADESTRÄNDE

Bewachte Badestrände finden Sie zwischen Paal 8 und 12. Die Pfähle *(paal)*, insgesamt 28 Stück, geben die Abstände von einem Ende der Insel zum anderen in Kilometern an.

REITEN

Reitställe gibt es z. B. in Hoorn, *Manege De Barrage* und *Terpstra*, in Formerum, *Pony-Centrum*, und in Landerum bei *Familie Lok (Infos beim VVV).*

SURFEN

Bei West-aan-Zee (Paal 9–10) treffen sich geübte Surfer, an der Wattenmeerküste bei Lies und am Yachthafen Dellewal von West-Terschelling.

WANDERUNGEN

Die Forstverwaltung der Insel hat 6 Wanderungen, die etwa 5–6 km lang sind, ausgearbeitet und in Faltblättern beschrieben. *Auskunft beim VVV*

YACHTHAFEN

Idyllisch am Dellewal. Während der Hochsaison sind sechs nebeneinanderliegende Boote keine Seltenheit. *Tel. 0562 44 33 37*

AM ABEND

Die meisten Nachtclubs und Diskos finden sich in Midsland und in West-Terschelling. Zu den beliebtesten gehören *Braskoer (Torenstraat 32 | West-Terschelling)*, *WYB (Oosterburen 11 | Midsland)* und *OKA 18 (Molenstraat 17 | West-Terschelling).*

CAFÉ LIEMAN

Älteste Kneipe der Insel, holzvertäfelt und meist voller Einheimischer. *Westerbuurtstraat 27 | West-Terschelling*

INSIDER TIPP **DE GROENE WEIDE**

Eine Institution auf Terschelling: In der urigen Kneipe singt Besitzer Hessel van

Die Inseln punkten mit kilometerlangen und sehr breiten, sehr weißen Sandstränden

der Kooij mehrmals pro Woche selbstge-schriebene Lieder. *Dorpsstraat 82 | Hoorn*

WEST-END THEATER

Einziges Theater der Insel, das gleichzei-tig als Kino dient. Wie überall in den Nie-derlanden werden die Filme im Original mit niederländischen Untertiteln gezeigt. *Raadhuisstraat 2 | West-Terschelling*

ÜBERNACHTEN

INSIDER TIPP **B&B DE POSTOARI** 🌱

Vier schöne Zimmer in einem alten Pfarr-haus. Serviert werden biologische und lokale Spezialitäten. Die Muscheln kann man vorher selber mit dem Koch im Watt suchen gehen. *Dorpsstraat 25 | Hoorn | Tel. 0562 85 01 34 | www.postoari.nl | €€*

CAMPINGPLÄTZE

Bei Jugendlichen beliebt sind *Appel-hof (Zuid Nr. 12a | Formerum | Tel. 0562 44 86 99 | www.campingappelhof. nl | €)* und *Terpstra (Oosterburen 79 | Midsland | Tel. 0562 44 90 91 | www. campingterpstra.nl | €)*. Vorsicht: Im Sommer herrscht Dauerparty. Für Fami-lien geeignet ist *Cupido (Hee 8 | Hee | Tel. 0562 44 22 19 | www.campingcupido. nl | €)*.

NAP

Traditionsreiches Haus. Hinter weißen Mauern verbergen sich modern einge-richtete Zimmer. Eigenes Restaurant. *32 Zi. | Torenstraat 55 | West-Terschel-ling | Tel. 0562 44 32 10 | www.hotelnap. nl | €€*

INSIDER TIPP STRANDHOTEL

Günstiges Hotel am unbezahlbaren Standort mitten in den Dünen. Helle, moderne Zimmer mit geteilten, aber sauberen Bädern, gutes Restaurant. *11 Zi. | Badweg 4 | Formerum | Tel. 0562*

44 86 29 | www.strandhotelterschelling. nl | €

DE WALVISVAARDER

Umgebauter Bauernhof, stilvoll einge-richtet. *70 Zi. | Lies 23 | Lies | Tel. 0562 44 90 00 | www.walvisvaarder.nl | €€*

AUSKUNFT

VVV TERSCHELLING

Willem Barentszkade 19a | West-Terschel-ling | Tel. 0562 44 30 00 | www.vvv-terschelling.nl

FÄHRE

Harlingen–Terschelling: *Hauptsaison 26,18 Euro p. P., Auto 107,68 Euro, Pkw-Reservierung erforderlich | Tel. 088 9 00 08 88 | www.rederij-doeksen.nl*. In der Nebensaison sowie frühmorgens/spätabends günstigere Tarife.

LOW BUDG€T

Bei Oudeschans auf Texel kann man kostenlos das alte Militärfort *De Schans (Schansweg | Oudeschild)* be-sichtigen. Das sternförmige Fort wur-de 1574 zum Schutz vor den Spaniern angelegt, von Napoleon zur Hälfte abgerissen und von der Stiftung *Na-tuurmonumenten* wieder restauriert.

Bei der Stayokay-Jugendherberge auf Ameland kann man ein günsti-ges *Seehund-Arrangement (Oranje-weg 59 | Tel. 0519 55 53 53)* buchen: zwei Übernachtungen inkl. Abend-essen, drei Tage Fahrradmiete, zwei Lunchpakete, eine Robbenbootfahrt sowie Eintritt zum Leuchtturm gibt es ab insgesamt 79,60 Euro.

TEXEL

(126 A–B3) (*D3*) **Die Überfahrt mit dem Fährboot auf die Insel Texel dauert nur 20 Minuten. Die größte der Westfriesischen Inseln, die zur Provinz Nordholland gehört, ist 25 km lang und rund 9 km breit.**

Auf Texel ist das gesamte Jahr über Saison. Die 13 000 Inselbewohner haben sich auf die Urlauber eingestellt. Unter anderem gibt es mehrere Camping- und Bungalow-Großprojekte, darunter *De Krim, Dennenoord, 't Stapeland, Californië, Sluftervallei,* aber auch Pensionen und Hotels.

Obwohl der Fremdenverkehr wichtig ist, ist auch die Landwirtschaft (Schafzucht, Blumen) bedeutend. Texel steckt voller Besonderheiten. Anders als auf den anderen Inseln liegt der Hauptort, *Den Burg,* nicht am Wasser, sondern in der Mitte der Insel. Hübscher als Den Burg sind allerdings die vier Dörfer *Den Hoorn, De Waal, Oudeschild* und *Oosterend.* Die reetgedeckten und denkmalgeschützten *Gulfhäuser,* pyramidenförmige Schafställe, sind charakteristisch für Texel.

Während des Goldenen Zeitalters diente die Insel als Zwischenstation für die Segler von und nach Asien. Im Watt warten noch Hunderte von Wracks mit wertvoller Ladung auf ihre Bergung. Rund 400 alte Schiffe, die als kulturelles Erbe der Niederlande gelten, hat man vor der Küste lokalisiert.

Typisch für diese, nicht aber für die anderen Inseln: Im Frühjahr blühen Tulpen, Narzissen, Krokusse und Hyazinthen. Naturfreunde zieht es in die Naturschutzgebiete *De Slufter* und *De Muy.* Verlockend ist es auch, auf den 120 km Radwegen kreuz und quer durch die Landschaft zu radeln. Größte Attraktion bleiben jedoch die Sandstrände, die sich über 25 km an der Nordseeküste entlangziehen. Bei Paal 28 und 9 ist FKK gestattet. Surfer bevorzugen die **INSIDER TIPP** Zone beim Leuchtturm als Revier.

SEHENSWERTES

ECOMARE ★ ● ●
Thema des Naturzentrums Ecomare sind das Watt und die Nordsee. Die meisten Besucher kommen aber nicht wegen der Ausstellung über Texels Entwicklungsgeschichte, sondern wegen der lebendigen Tiere. Im Untergeschoss gibt es offene Meeresaquarien mit Fischen, Seesternen und Quallen zu bestaunen; draußen befindet sich eine Vogelpflegestation, in der kranke Seevögel wieder flott gemacht werden. Unbestrittene Stars von Ecomare sind jedoch die rund 20 Bewohner der Seehundaufzuchtstation, die jeden Tag um 11.30 und 15.30 Uhr gefüttert werden. *Tgl. 9.30–17 Uhr | Eintritt 12,25 Euro | Ruijslaan 92 | De Koog | www.ecomare.nl*

INSIDER TIPP KAAP SKIL
Das Museum zur Seefahrtsgeschichte von Texel besitzt eine sehr unterhaltsame Strandgutsammlung. Neben dem modernen ● Öko-Neubau ganz aus recycelten Dammwandplanken aus dem Noord-Hollandkanal gibt es alte Fischerhäuser und eine Windmühle auf dem Außengelände zu besichtigen. *Di–Sa 10–17 Uhr | Eintritt 8,50 Euro | Heemskerckstraat 9 | Oudeschild | Texel | www.kaapskil.nl*

ESSEN & TRINKEN

BIJ JEF
Von Kalbsbries in Weißwein bis Aal mit Gurkenschaum – ambitionierte Küche. *Herenstraat 34 | Den Hoorn | Tel. 0222 31 96 23 | €€€*

An der Ostküste Texels liegt das hübsche Dorf gleichen Namens – Oosterend

KLIF 12

Theaterlokal, in dem es im Sommer hoch hergeht. Das Essen ist eher Nebensache. Schräg gegenüber liegt das nette *Klif 23,* dort lohnen sich die vegetarischen Pfannkuchen. *Tgl. | Klif 12 | Den Hoorn | Tel. 0222 31 96 33 |* €€

LA MORENA

Spareribs und Texeler Lammgerichte. *Tgl. | Kikkertstraat 31 | De Cocksdorp | Tel. 0222 31 64 64 | www.lamorena.nl |* €€€

'T PAKHUUS

Historisches Speicherhaus am Hafen mit moderner Einrichtung. Besonders schön sitzen Sie in der zweiten Etage. Die Küche kocht ausschließlich mit regionalen Produkten. *Tgl. | Haven 8 | Oudeschild | Tel. 0222 31 35 81 | www.pakhuus.nl |* €€€

EINKAUFEN

INSIDER TIPP KÄSEBAUERNHOF WEZENSPYK

Auf dem Bauernhof wird echter Texeler Schafs- und Ziegenkäse produziert und verkauft. Lecker ist der *orekéés,* dem das Dünengemüse *lamsoor* beigegeben wird. *April–Okt. Di–Sa 9.30–17 Uhr | Hoornderweg 29 | Den Burg*

WADDENGARNALEN DIRK ALBERT BLOM

Snackbar und Fischladen, gute Auswahl an frischem Fisch für Selbstversorger. *Dorpsstraat 109 | De Koog*

FREIZEIT & SPORT

Sportfischer können ohne Angelschein angeln, man kann einen Segelfliegerkurs besuchen, Tennis- und Squashplätze gibt's zur Genüge, und es bieten sich Schiffsausflüge an *(Auskunft beim VVV).*

INSIDER TIPP AUSTERN SAMMELN

Der *Oesterman* führt durchs Watt und hilft beim Suchen von Austern, Herzmuscheln und Seeschnecken. *Termine abhängig von den Gezeiten | Start am Deich in Cocksdorp | Reservierung auf der Website oder unter Tel. 06 12 80 84 95 | www. detesselseoesterman.nl*

BESICHTIGUNG DER SEEHUNDBÄNKE

Ausflug nach Vlieland und Wattfahrten zu den Seehundbänken mit *De Vriendschap* (Tel. 0222 3164 51 | www.waddenveer.nl) von Mai bis September.

GARNELENFANG

Der Garnelenkutter TX 10 Emmie sticht Mo–Sa mit Gästen vom Hafen Oudeschild in See. *Haven 10 | Souvenirgeschäft | Tel. 06 5149 86 14*

AM ABEND

Auf der Insel schließen Kneipen und Diskos um 1 Uhr, danach darf niemand mehr eingelassen werden. Die Musik wird um 2 Uhr leiser, um 3 Uhr müssen sich die letzten Gäste auf den Weg machen.

DEN BURG

Am Hauptplatz des größten Dorfes der Insel – die Hälfte aller Texelbewohner lebt hier – ist am Abend immer etwas los. Etwa verschiedene Veranstaltungen im großen Saal des Hotels *Lindenboom*. *Café De Slock* ist eine echt holländische holzvertäfelte Kneipe.

DE KOOG

1909 eröffnete hier das erste Strandhotel. Heute ist De Koog die Touristenhochburg der Insel. Hier werden die Bürgersteige abends nicht ganz so schnell hochgeklappt wie andernorts auf Texel. Entlang der Dorpsstraat reiht sich Kneipe an Kneipe und Bar an Bar. Z. B.: *Café Sam-Sam (Dorpsstraat 146), De Metro (Dorpsstraat 5), Onder de Pomp (Dorpsstraat 23), Café Cheers (Dorpsstraat 75)*.

ÜBERNACHTEN

OP DIEK

Nettes Ambiente unterm Reetdach, inmitten von Weiden gelegen. *19 Zi. (mit und ohne Bad) | Diek 10 | Den Hoorn | Tel. 0222 3192 62 | www.opdiek.nl | €*

PELIKAAN

Ruhig gelegenes Hotel, moderne 29 Zimmer und Apartments. *Pelikaanweg 18 | De Koog | Tel. 0222 3172 02 | www.depelikaan.nl | €€*

DE RAZENDE BOL

Im Frühling besonders schön: Camping auf dem Blumenzüchterhof. *15 Stellplätze | April–Nov. | ab 17 Euro pro Nacht | Pelikaanweg 1 | De Koog | Tel. 0222 32 74 39 | www.derazendeboltexel.nl*

DE WAAL

Familienhotel mit schöner Atmosphäre und herzhafter Küche. Wintergarten. *20 Zi. | Hogereind 28 | De Waal | Tel. 0222 3132 82 | www.hoteldewaal.nl | €*

AUSKUNFT

VVV TEXEL

Emmalaan 66 | Den Burg | Tel. 0222 3147 41 | www.texel.net

FÄHREN
Teso: Tel. 0222 36 96 00 | Personen ab 12 Jahren 2,50, Pkw 37 Euro | Abfahrt Den Helder stdl. von 8.30–21.30 Uhr, keine Reservierung | www.teso.nl

VLIELAND

(126 B–C2) (🗺 D–E2) Wie alle Inseln zwischen Wattenmeer und Nordsee bewegt sich Vlieland mit Wind und Wellen langsam, aber stetig Richtung Festland. Einst gab es auf der Insel zwei Dörfer, West- und Oost-Vlieland. Heute existiert nur noch Oost-Vlieland: West-Vlieland versank zwischen 1717 und 1727 durch Sturmfluten im Meer. Der Rest der Insel, 20 km lang und nur bis zu 2 km breit, besteht aus Dünen, Wiesen, Wald und einem 12 km langen, herrlichen Sandstrand. Im 19. Jh. bestimmte der Walfang das Bild der Insel. Von Vlieland stammten rund 70 Kommandeure, Kapitäne. Einige ihrer herrlichen *Commandeurshuizen* sind in Oost-Vlieland noch zu sehen. Heute leben die etwa 1150 Ew. im einzigen Dorf. Die fast autofreie Insel (Besucher dürfen ihre Autos nicht mitbringen) wird vor allem von Niederländern besucht. Die meisten Gäste mieten sich auf den beiden Campingplätzen (3500 Stellplätze) ein. ● Das Fahrrad ist das zweckmäßigste Verkehrsmittel. Ein **INSIDER TIPP 26 km langer Rundweg** führt um die Insel – ein schöner Ausflug mit dem Rad. An den Stränden ist in bestimmten Abschnitten FKK gestattet. Wegen ungünstiger Wind- und Strömungsverhältnisse ist die Insel kein Ziel für Surfer, dafür zieht sie aber Reiter an. Das denkmalgeschützte Oost-Vlieland besteht quasi aus zwei Straßen. Die mit alten Bäumen begrünte, holprige Dorpsstraat erinnert mit ihren gepflegten historischen Häusern an die alten Zeiten; dort konzentrieren sich die Cafés, Restaurants und Geschäfte.

SEHENSWERTES

CRANBERRYVLAKTE
Angeblich wurde im Jahr 1840 auf Terschelling ein Fass voller Cranberrys angespült. Die fremden Beeren pflanzten sich

Viel Platz für Pferde- und andere Stärken: Vlieland ist nahezu autofrei und bei Radlern wie Reitern beliebt

schnell fort und gelangten dank der Seevögel auch nach Vlieland. Auf der 48 ha großen „Cranberryebene" westlich vom Leuchtturm ist man rundum von den Beerensträuchern umgeben.

LEUCHTTURM ☼

Auf einer 40 m hohen Düne wurde 1910 der nur 18 m hohe Leuchtturm errichtet, dessen Signale aber noch in 40 km Entfernung zu sehen sind. Die Aussicht über Insel und See lohnt die 218 Stufen. *Mi 14–16, Sa/So 10.30–12.00 Uhr*

DE NOORDWESTER

Besucherzentrum, das alle Informationen über das Eiland bereithält. Es ist zudem Treffpunkt für Vogel-, Watt- und Dünenexkursionen. *Eintritt 5 Euro | Dorpsstraat 150 | Tel. 0562 451700 | www.denoordwester.nl*

TROMP'S HUYS

Historisches Inselmuseum im ältesten Haus (von 1575) Vlielands, in dem die Ranghöchsten der Vereinigten Ostindischen Kompanie ihren Sitz hatten. Das Gebäude ist nach Cornelis Tromp benannt, einem berühmten holländischen Admiral, der sich vor langer Zeit einmal hier aufhielt. *Di–Do, Sa 14–17, Fr 10–13 Uhr | Eintritt 4 Euro | Dorpsstraat 99*

VLIEHORS

Die 20 km² große Sandfläche wird scherzhaft auch „Sahara" genannt. Zwischen Oost-Vlieland und Vliehors erstreckt sich ein Wald. Bei Vliehors liegt die Kaserne: Vliehors ist militärisches Übungsgebiet. Am Wochenende aber ist alles still, und auf den Sandbänken vor der Küste des Naturschutzgebietes sonnen sich die Seehunde.

Eine reizvolle, ungefähr 8 km lange Wanderung ist die zwischen dem Dorf und dem alten *Posthuys,* Poststation für die Postreiter, die von 1677 bis 1927 die „Zeebrieve" von Amsterdam via Texel nach Vlieland brachten. Vom Posthuys aus startet im Sommer jeden Tag um 13.45 Uhr der Geländewagen *Vliehors Express (Dorpsstraat 138 | 15,50 Euro, Kartenver-*

Heidelbeerparadies: Das Posthaus ist auch wegen seiner Marmelade einen Ausflug wert

kauf bei Primera, Dorpsstraat 76), mit dem man Rundfahrten bis zum westlichsten Punkt des Vliehors unternehmen kann. Im Winter fährt er um 13 Uhr beim Strandhotel Seeduyn ab.

ESSEN & TRINKEN

HET ARMHUIS
Restaurant und Café, untergebracht in einem uralten Pfarrhaus, das 1678 zum Seefahrerheim umfunktioniert wurde. Gegessen wird im früheren Speisesaal am offenen Kamin. *Tgl. | Kerkplein 6 | Tel. 0562 45 19 35 | www.armhuis.com | €€€*

POSTHUYS
Das alte Posthaus ist beliebtes Ausflugsziel, Restaurant und Café mit Terrasse. Die Spezialität ist Gebäck mit köstlicher Heidelbeermarmelade. *Tgl. | Postweg 4 | Tel. 0562 45 12 82 | €*

STRANDPAVILLON BADHUYS 🌿
Im einzigen Strandpavillon auf Vlieland gibt es internationale Klassiker wie Seebarsch oder Entrecote. Beeindruckender ist die einzigartige Aussicht über die Nordsee von der hölzernen Terrasse. *Tgl. | Badweg 3 | bei Pfahl 50/51 | Tel. 0562 45 19 92 | €*

DE WADDEN
Im Restaurant vom (ebenfalls empfehlenswerten) *Hotel De Wadden* wird Fisch in allen Varianten serviert. *Tgl. | Dorpsstraat 61 | Tel. 0562 45 26 26 | €€*

FREIZEIT & SPORT

INSIDER TIPP TEXELFAHRTEN MIT „DE VRIENDSCHAP"
Die Fahrt nach Texel mit dem umgebauten Motorfrachtboot *De Vriendschap* ist spannend. Wegen der vielen Sandbänke kreuzt der Kapitän im Zickzackkurs. Auf

Vlieland ist die Fahrt mit dem *Vliehors Express* inbegriffen. *Mai/Juni, Sept. Di, Mi, Do, So 10.45, Juli/Aug. tgl. 9.30 und 10.45 Uhr | 27,50 Euro | Abfahrt am Posthuys | www.waddenveer.nl*

ÜBERNACHTEN

INSIDER TIPP BADHOTEL BRUIN
Das ehemals typische Inselhotel ist im modernen Loungestil renoviert worden und jetzt das angesagteste Haus am Platz. *31 Zi., 6 Apts. | Dorpsstraat 88 | Tel. 0562 45 28 28 | www.badhotelbruin.nl | €€*

CAMPING STORTEMELK
Hübsch zwischen Dünen gelegen. Von hier hat man es nicht weit zur Nordsee. *April–Sept. | Tel. 0562 45 12 25 | www.stortemelk.nl | €*

DE HERBERGH VAN FLIELANT
Kleines Hotel mit acht modernen Zimmern zur Straße, einem Garten und gemütlichem Restaurant mit guter Fischküche. *Dorpsstraat 105 | Tel. 0562 45 14 00 | www.deherberghvanflielant.nl | €€*

SEEDUYN
Komforthotel am Strand, große Zimmer, Schwimmbad und Restaurant. *93 Zi. | Badweg 3 | Tel. 0562 45 15 60 | westcordhotels.nl | €€€*

AUSKUNFT

VVV VLIELAND
Havenweg 10 | Oost-Vlieland | Tel. 0562 45 11 11 | www.vlieland.net

FÄHRE
Keine Pkw. Harling–Vieland: *tgl. 8.45, 14.25, 19 Uhr | Überfahrt: ca. 1,5 Std. | Fahrpreis 26,18 Euro, außerhalb der Hochsaison reduzierte Preise | Parkplatz in Harlingen mit Rederij Doeksen (Tel. 0562 44 20 02)*

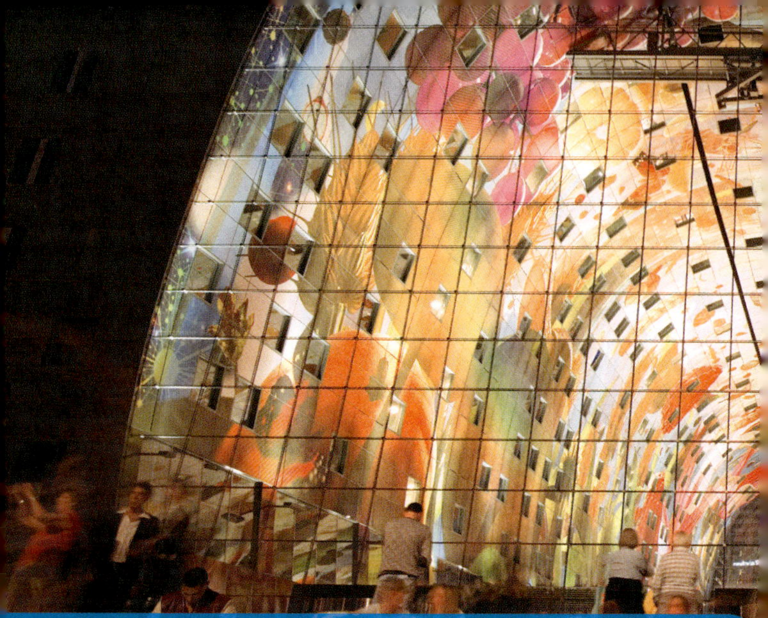

① DIE NIEDERLÄNDISCHE KÜSTE PERFEKT IM ÜBERBLICK

START: ① Veere **ZIEL:** ⑬ Ameland	**6 Tage** reine Fahrzeit 8 Stunden
Strecke: ➡ **405 km**	

KOSTEN: Benzin, Unterkunft, Essen für 2 Personen ca. 1000 Euro; Eintritte und sonstige Gebühren ca. 100 Euro pro Person
MITNEHMEN: Regenjacke, Badesachen, Sonnenschutz

ACHTUNG: Fischmarkt in ⑩ **Den Oever** nur samstags

Von Zeeland bis auf die Wattinseln führt Sie diese Tour entlang der gesamten niederländischen Nordseeküste. Genießen Sie die Spezialitäten des Südens, die einsamen Inselstrände im Norden und die Maasmetropole Rotterdam dazwischen.

Jeder Zipfel dieser Erde hat seine eigene Schönheit. Wenn Sie Lust haben, die einzigartigen Besonderheiten dieser Region zu entdecken, wenn Sie tolle Tipps für lohnende Stopps, atemberaubende Orte, ausgewählte Restaurants oder typische Aktivitäten bekommen wollen, dann sind diese maßgeschneiderten Erlebnistouren genau das Richtige für Sie. Machen Sie sich auf den Weg und folgen Sie den Spuren der MARCO POLO Autoren – ganz bequem und mit der digitalen Routenführung, die Sie sich über den QR-Code auf S. 2/3 oder die URL in der Fußzeile zu jeder Tour downloaden können.

Wer eine Reise entlang der Niederländischen Küste im zee-ländischen ❶ **Veere → S. 39** beginnt, wandelt auf historischen Pfaden: Schon Albrecht Dürer war 1520 hingerissen von dem „sehr feinen Städtchen". Angesichts der verträumten **Altstadt** am Seeufer ist das gut nachvollziehbar. Ein Stopp im Restaurant **Campveerse Toren** stimmt auf die niederländische Fischküche ein – vielleicht mit einem Oosterschelde-Hummer? Auf sein Lebensrevier können Sie einen Blick werfen, **wenn Sie auf dem Weg nach Norden entlang der N 57 das** ❷ **Oosterschelde-Sturmflut-**

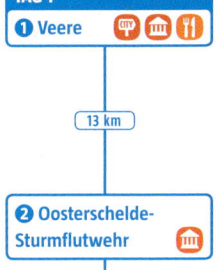

TAG 1

❶ Veere

13 km

❷ Oosterschelde-Sturmflutwehr

3 Deltapark Neeltje Jans

5 km

4 Schouwen

9 km

TAG 2

5 Rotterdam

79 km

wehr → S. 21 überqueren. Wie das Wehr funktioniert, erfahren Sie hautnah im **3** **Deltapark Neeltje Jans**. **Bleiben Sie auf der N57, dann erreichen Sie** die Insel **4** **Schouwen** mit wunderschönen Nordseestränden zwischen Haamstede und Renesse. Tanken Sie salzige Meeresluft, denn nach einer Übernachtung, z. B. im altehrwürdigen **Landgoed Hotel Renesse → S. 38** in **Renesse**, verlassen Sie für eine Weile die Küste. **Die N57 führt über Brouwersdamm und Haringvlietdamm bis zur A15 nach **5** Rotterdam → S. 52**, der modernen Metropole an der Maas. Sind Sie schon einmal mit einem Bus durchs Wasser gefahren? Im **Amphibienbus Splash**, der erst durch die Innenstadt und dann im Wasser der Maas fährt, erleben Sie dieses Abenteuer.

Wenn Sie danach wieder etwas Ruhe suchen, brauchen Sie am nächsten Tag nicht weit zu fahren. **In einer Dreiviertelstunde erreichen Sie über A 13, A 4 und dann N 206 das kleine Seebad ❻ Katwijk → S. 51.** Hier erwartet Sie ein endloser Sandstrand und ein riesiges Dünengebiet, das nur von schottischen Hochlandrindern bevölkert wird. Jetzt heißt es: Schuhe aus und den Sand zwischen den Zehen fühlen – am Strand von Katwijk können Sie ein oder zwei Stündchen herrlich wandern. Wenn das Wetter es zulässt, bietet sich natürlich auch ein Sprung in die Wellen an. Von hier geht es wieder in geschichtsträchtige Gefilde, **und zwar entlang der N 206 ins nördlich gelegene ❼ Haarlem → S. 68.** Noch heute bildet die gotische **Grote Kerk** das Herz der pittoresken Stadt. Besuchen Sie ein paar versteckte *hofjes* und steuern Sie dann zum Shoppen die **Zijlstraat** an! Dort verkauft zum Beispiel **Bij Saar Thuis** *(Nr. 91)* eine originelle Mischung aus Damen- und Kindermode, Turnschuhen sowie Wohnaccessoires und **Snoepgoed** *(Nr. 29)* gesunde Süßigkeiten.

Am nächsten Tag führt die Route über A 9, N 9 und N 510 weiter nach Norden. Dort wartet mit **❽ Bergen → S. 58** der mondänste Teil der Küste. Im ehemaligen Künstlerort befinden sich heute die Sommerresidenzen betuchter Niederländer. Das merkt man auch an den Strandclubs in nahen **❾ Bergen aan Zee**, die alle etwas schicker sind als anderswo. Es lohnt sich, einen Tag zu bleiben, einen Sprung ins Wasser zu wagen und bei einem Glas Rosé mit *bitterballen* den Sonnenuntergang am Strand zu genießen.

Lust auf ein Kontrastprogramm? **Dann geht es am nächsten Tag zurück in Richtung Alkmaar und über N 245, N 242 und A 7 durchs Polderland nach ❿ Den Oever,** wo die IJsselmeerfischer jeden Samstag auf dem INSIDER TIPP **Fischmarkt** *(Havenkade 1 | www.versevis.nl)* in einer Hafenhalle konkurrenzlos frische Ware aus dem Meer verkaufen. **Danach überqueren Sie den 32 km langen Abschlussdeich, der das IJsselmeer von der Nordsee abriegelt, und finden sich in Friesland wieder,** der am dünnsten besiedelten Provinz der Niederlande. **Die A 31 bringt Sie ins Städtchen ⓫ Franeker → S. 65,** wo Sie das so kuriose wie wunderschöne **Eisinga-Planetarium** bestaunen können. Als krönenden Abschluss Ihrer Reise besteigen Sie im Dörfchen **⓬ Holwerd, das Sie über A 31, N 398 und N 357 erreichen, die Fähre nach ⓭ Ameland → S. 73,** wo Sie noch eine Nacht verbringen. Das Auto lassen Sie am besten am

Fähranleger auf dem Festland stehen, denn auch das gehört zur perfekten Route entlang der Niederländischen Küste: eine Fahrradtour. Und wo ginge das besser als auf einer Wattinsel, deren Nordküste ein einziger langer Strand ist? Der **Fahrradverleih Kiewiet** *(Tel. 0519 54 21 30 | www.fietsenopameland.nl)* erwartet Sie gleich am Ende des Fährdamms und transportiert auch Ihr Gepäck zum Hotel. Wer mag, fährt direkt weiter bis zum Strandübergang am Nordrand von Nes und hüpft in die kühle Nordsee.

---

2 DURCH DAS WATERLAND RADELN

START: ❶ Durgerdam **ZIEL:** ❶ Durgerdam	**1 Tag** reine Fahrzeit 2 ½ Stunden
Strecke: 🚲 35 km	

KOSTEN: Fahrradmiete ca. 12 Euro, Eintritt Marker Museum 2,50 Euro
MITNEHMEN: Regenjacke, Sonnenschutz

ACHTUNG: Der nächste Fahrradverleih ist *Mac Bike* an der Oosterdokskade in Amsterdam. Von dort kann man zum Hauptbahnhof fahren und mit der Gratisfähre zum IJplein übersetzen. Dann geht es entlang der Meeuwenlaan nach Norden, rechts auf den Nieuwendammerdijk und den daran anschließenden Schellingwouderdijk. Nach ca. 25 Minuten und 8 km hat man den ANWB-knooppunt 46 erreicht, wo man direkt in die Tour einsteigt.

Das Waterland ist eine uralte Kulturlandschaft und sieht genauso aus, wie man sich Holland vorstellt: flach, grün und von Kanälen durchzogen. Diese Fahrradtour führt vom Deichdorf Durgerdam durch grüne Weiden ins puppenstubige Broek in Waterland und auf dem IJsselmeerdeich zurück zum Ausgangspunkt.

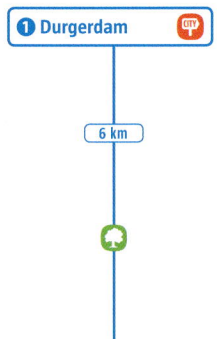

❶ Durgerdam

6 km

10:00 Schon ❶ **Durgerdam**, Ausgangspunkt der Fahrradtour, ist ein Stück Bilderbuchholland. Das Dörfchen besteht lediglich aus einer Reihe hübscher Häuschen, die sich an den Deich kuscheln. **Und auf diesem Deich radeln Sie erst einmal nach Süden, in Richtung Amsterdam. Beim beschilderten ANWB-knooppunt 46 biegen Sie rechts ab, fahren um eine Schrebergartenkolonie herum und folgen dann den rotweißen Schildern in Richtung Zunderdorp.** Der Weg führt entlang von sumpfigen Wiesen voller Wasservögel und über kleine Kanäle, hier und dort steht ein einzelner Bauernhof in der Landschaft. Nördlich des Gemeindefleckens Zunderdorp kommen Sie am

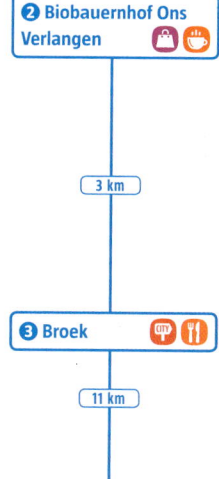

2 🌿 **INSIDER TIPP** **Biobauernhof Ons Verlangen** *(Broekergouw 5 | Mo/Di und Do/Fr 10–16, Sa 11–15 Uhr)* vorbei, in dessen Laden Sie neben ökologisch erzeugtem Obst und Gemüse auch Lammfleisch und Milchprodukte kaufen können. Im Sommer gibt es außerdem selbstgemachte Eiscreme.

12:00 **Wenn Sie nun den Wegweisern nach Broek in Waterland folgen,** radeln Sie auf dem Ringdeich entlang, der den niedriger gelegenen Broekermeerpolder umgibt. Der Deich entstand 1627, als der damalige See Broekermeer eingepoldert und in Weideland verwandelt wurde. Das lauschige Dorf **3** Broek → S. 61 – mit bunten Holzhäusern, die sich um einen kleinen Teich mit Schwanen scharen – lädt zu einer Pause ein, zum Beispiel bei einem Pfannkuchen mit Speck, Äpfeln und Sirup im uralten Café **De Witte Swaen** → S. 61.

2 Biobauernhof Ons Verlangen

3 km

3 Broek

11 km

Nach der Stärkung folgen Sie den Wegweisern nach Zuiderwoude. Rund um die kleinen Seen entlang des Wegs leben viele Wasservögel: Mit etwas Glück können Sie einen Kiebitz, einen Säbelschnäbler oder eine seltene Schnepfenart sehen. Wieder auf dem IJsselmeerdeich angekommen, eröffnet sich ein wunderschöner Panoramablick über das Wasser mit den grünen Holzhäuschen der Insel ❹ **Marken → S. 63** in der Ferne. **Sie erreichen das Dorf über den 1,7 km langen Verbindungsdamm.** Im winzigen **Marker Museum** erleben Sie, wie die Zuiderzeefischer früher wohnten.

16:00 Wenn Sie sich in Marken umgeschaut haben, **geht es wieder zurück aufs Festland und auf dem IJsselmeerdeich nach Süden.** Beim malerischen, verschlafenen Deichdorf ❺ **Uitdam** sehen Sie zu beiden Seiten Ihres Radwegs nur noch Wasser, denn dort erstreckt sich hinter dem Deich die Wasserfläche des **Uitdammer Die**, gekrönt von einem winzigen, baumbestandenen Inselchen. **Hinter Uitdam führt Sie der Radweg noch weitere acht Kilometer auf dem Deich entlang** und bietet eine herrliche Aussicht auf Wasser und in der Ferne vorbeiziehende Segelboote, bevor Sie Ihren Ausgangspunkt ❶ **Durgerdam** wieder erreichen. Bei einem Kaffee mit Apfelkuchen auf der Terrasse des Hotel-Restaurants **De Oude Taverne** *(Durgerdammerdijk 73 | Tel. 020 4 90 42 59 | www.deoudetaverne.nl)* können Sie die Radtour ganz gemütlich ausklingen lassen.

Endstation Durgerdam! Die Tour klingt aus mit einem letzten herrlichen Blick vom Deich

3

ZU DEN STÄDTEN DES GOLDENEN ZEITALTERS

START: ❶ Zierikzee
ZIEL: ❹ Delft

2 Tage
reine Fahrzeit
3 Stunden

Strecke:
➡ **135 km**

KOSTEN: Benzin, Unterkunft, Essen für 2 Personen ca. 250 Euro;
Eintritte ca. 30 Euro pro Person

ACHTUNG: Der **Floh- und Antikmarkt** in ❹ **Delft** findet im Sommer
nur samstags statt.

*Die geruhsame Tour führt Sie von den einstigen Hafenstädten Zierikzee und
Dordrecht zu den schönen Windmühlen von Kinderdijk bis ins hübsche Porzellan-
städtchen Delft, dessen Altstadt noch aussieht wie zu Jan Vermeers Zeiten.*

Start der Tour ist am **Oude Haven** von ❶ **Zierikzee**
→ **S. 40**. Den heute verschlafenen Hafen säumen schmucke Häuser aus dem 17. Jh., als das zeeländische Städtchen
eine bedeutende Handelsstadt war. Spazieren Sie am Ha-
fenpark entlang zum alten **Rathaus**, wo Sie immer don-
nerstags um 13.30 Uhr einem einstündigen Glockenspiel-
konzert lauschen können. Hinterm Rathaus erblickt man
den **Sint Lievens Monstertoren**, auch als „dicker Dom" bekannt. Besteigen Sie ihn und belohnen Sie sich mit einer
großartigen Aussicht über die Oosterschelde. **Danach geht
es über die N 59 und A 29 in die nicht minder alte Stadt**
❷ **Dordrecht**. Während der St.-Elisabeth-Flut im Jahr 1421
wurde die Stadt (110 000 Ew.) vom Festland abgeschnit-
ten. Seitdem liegt sie auf einer Insel. Am **Groothoofds-
poort**, dem barocken Hafentor, hat man eine herrliche
Aussicht: Hier kommen alle Binnenschiffe von und nach
Rotterdam vorbei. In einem Patrizierhaus am **Nieuwe Ha-
ven 29**, ist das **Huis Van Gijn** *(Di–So 11–17 Uhr | Eintritt
7 Euro)* untergebracht. Lassen Sie sich von den üppig aus-
gestatteten Räumen des Bürgerhauses aus dem 19. Jh.
beeindrucken! Ein Spaziergang quer durch die **Altstadt**,
**über Grote Markt und Wijnbrug, führt zum Museum Hof
van Nederland** *(Di–So 11–17 Uhr | Hof 6)*, wo die nieder-
ländische Geschichte lebendig wird. Danach lockt gleich
um die Ecke das Fischrestaurant **INSIDER TIPP ▸ De Stroper**
(tgl. | Wijnbrug 1–3 | Tel. 078 6 13 00 94 | €€€). Im Som-

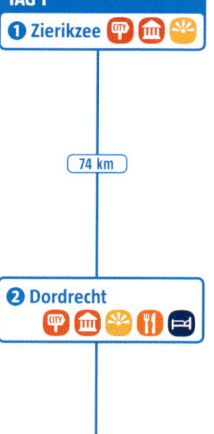

TAG 1

❶ Zierikzee

74 km

❷ Dordrecht

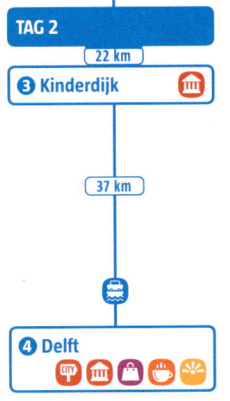

TAG 2

22 km

❸ Kinderdijk 🏛

37 km

�

❹ Delft
💬 🏛 👜 🍽 ✷

mer sitzen Sie lauschig auf der kleinen Brücke über dem Wijnhaven. Nach einer Übernachtung, z. B. im ehemaligen Wasserturm der **Villa Augustus** (*Oranjelaan 7 | Tel. 078 6 39 31 11 | www.villa-augustus.nl | €€*) **fahren Sie auf der N 3 und A15 weiter in Richtung Papendrecht, Alblasserdam nach** ❸ ★ **Kinderdijk.** Einzigartig ist die wohl meistfotografierte Mühlenlandschaft der Niederlande. Die 19 Windmaschinen aus dem 18. Jh. sind die größte Ansammlung von Poldermühlen im Land. In der **Mühle Nederwaard** (*tgl. 9–17.30 Uhr*) erwartet Sie ein echter Müller und berichtet davon, wie die Angehörigen seiner Zunft bis in die 1950er-Jahre lebten.

Nehmen Sie die Autofähre über die Lek nach Krimpen a. d. Lek, fahren weiter nach Capelle aan de IJssel, um via E19 die Richtung Den Haag einzuschlagen. Um nach ❹ **Delft → S. 48 zu kommen, verlassen Sie die Autobahn bei der Abfahrt Delft (nicht Delft-Zuid).** Schon von Weitem ist der schiefe Turm der **Oude Kerk** sichtbar. Durch die romantische Innenstadt entlang der Grachten zu spazieren (Vorsicht Radfahrer!) ist ein Vergnügen. Im Goldenen Zeitalter wurde Delft eine der wichtigsten Handelsstädte der Niederlande. Die **Altstadt** sieht heute noch genauso pittoresk aus wie Jan Vermeer sie 1660 in der „Ansicht von Delft" gemalt hat. In den Sommermonaten findet dort jeden Samstag ein riesiger **Floh- und Antikmarkt** statt. Als Abschluss steuern Sie eins der Terrassencafés am **Markt** an, flankiert von der **Nieuwe Kerk** und dem klassizistischen **Rathaus**. Besonders lauschig ist das Café-Restaurant *'t Vermeertje (So/Mo geschl. | Markt 58 | Tel. 015 8 89 71 75)*. Wer jetzt noch die Puste hat, um den **Kirchturm der Nieuwe Kerk** *(April–Okt. Mo–Sa 9–18 Uhr | Eintrit 3,50 Euro)* zu erklimmen, wird mit einem Panoramablick über die Stadt belohnt.

VON EILAND ZU EILAND HÜPFEN

START: ❶ Lauwersoog **ZIEL:** ❻ Harlingen	**5 Tage** reine Fährzeit 27 Stunden

Strecke:
➡ **220 km**

KOSTEN: Parkplatz Scheepspark 5 Euro pro Tag/Auto, Unterkunft im Doppelzimmer ca. 480 Euro, Fähren ca. 57, Segelschiff 55, Wattexkursion 5, Strandsegeln 25 Euro (je pro Person)
MITNEHMEN: Regenjacke, Gummistiefel, Wanderschuhe, Badesachen

ACHTUNG: Zwischen 15. April und 15. Juli ist das Dünengebiet zwischen **Kobbeduinen** und **Willemsduin** auf ❷ **Schiermonnikoog** wegen der Vogelbrutsaison gesperrt.
Die ❹ **Willem Jacob** fährt von Mai–Okt. jeweils So-Vormittag von ❸ **Ameland** nach ❺ **Terschelling**; unbedingt vorher buchen.
Rückkehr: Nehmen Sie in Harlingen-Haven den Zug nach Leeuwarden (ca. 20 Min.) und steigen dort in Bus 50 nach **Lauwersoog** (ca. 1 Std.).

Fährdienste verbinden die Westfriesischen Inseln im Sommer untereinander. Was könnte entspannter sein, als von einer zur anderen zu hüpfen und zwischendurch ein paar nette Tage vor Ort einzulegen?

Ausgangspunkt Ihrer Tour ist ❶ **Lauwersoog**, von wo aus Sie mit der Fähre die kleinste und östlichste bewohnte Watteninsel erreichen. Parken Sie im **Scheepspark-Parkhaus** auf dem Festland, denn Autos können Sie auf das nur 40 km² große ❷ **Schiermonnikoog → S. 76** nicht mitnehmen; dafür warten drüben am Inselanleger Busse auf Neuankömmlinge. Übernachten können Sie im einzigen, gleichnamigen Ort der Insel, von dem aus sich auch schöne Spaziergänge anbieten: z. B. zum **Leuchtturm Noordertoren** oder entlang dem endlosen Nordseestrand im Norden. Abends ist es Zeit für ein Kuriosum: Im **Van der Werff → S. 78** befindet sich der älteste Hotelspeisesaal der Nie-

TAG 1–2

❶ **Lauwersoog**

11 km

❷ **Schiermonnikoog**

derlande, mit Obern im Frack und ziemlich angestaubtem Charme. Am zweiten Tag ist es Zeit für einen Ausflug in die wilde Landschaft der **Kobbeduinen → S. 77 am Ende des Johannes de Jongpad.** Auf den Dünen wachsen Flieder, Sanddorn und Hagebutten, in den Kuhlen dazwischen stehen Sumpfpflanzen. Mittendrin steht am Kwelderpad eine hölzerne **Bake (Seezeichen)**, die 1766 errichtet wurde und Schiffen tagsüber zur Orientierung diente. Wer mag, geht auf dem Trampelpfad noch weiter bis zum **Willemsduin**.

TAG 3

30 km

❸ **Ameland**

Am nächsten Morgen geht es weiter nach ❸ **Ameland → S. 73**. **Drei Stunden dauert die Überfahrt mit der** *M. S. Ameland (Tel. 06 51 85 84 50 | www.robbenboot.nl)* auf die hübsche Insel der Walfänger. Der Hafen liegt direkt beim Ort **Nes** mit seinen alten Kapitänshäusern. Jetzt heißt es: ab in den Matsch! Bei einer **Wattwanderung → S. 105** erfahren Sie alles über das besondere Ökosystem der Gezeitenlandschaft. Bei **Beach Ameland** *(www.beach-ameland.nl)* am Strand von Nes können Sie sich danach im Strandsegeln versuchen.

TAG 4

❹ **Willem Jacob**

Am kommenden Tag geht es nach Terschelling. Dieses Mal fahren Sie nicht mit einer gewöhnlichen Fähre, sondern mit dem historischen Segelschiff ❹ **Willem Jacob** *(Mai–Okt. So-Vormittag, genaue Abfahrtzeit gezeitenabhängig | Fahrtzeit 7 Stunden | Tel. 06 47 98 03 24 | www.eilandhopper.nl)*. Wer will, darf auf dem 1889 gebauten Klipper beim Hissen der 300 m² großen Segel helfen oder auch mal am Ruder stehen. Oder Sie genießen einfach nur Aussicht, denn auf halbem Weg zwischen Ameland und Terschelling liegt **Robbeneiland**, eine Sandbank, auf der sich im Sommer hunderte Seehunde tummeln. Der Inselhafen von ❺ **Terschelling → S. 79** liegt im Ort **West-Terschelling**, und Sie erkennen ihn schon von Weitem am kantigen **Brandaris → S. 80**, dem ältesten Leuchtturm der Niederlande von 1594. Diese Insel ist deutlich betriebsamer als ihre östlichen Nachbarn. Am Nordseestrand und im Naturschutzgebiet **De Boschplaat → S. 80** verläuft der Trubel sich jedoch schnell in den Dünen. Mieten Sie ein Fahrrad, z. B. bei **Zeelen Fietsenverhuur** *(Willem Barentsz-kade 15)*, **und strampeln Sie nach Osten, dann erreichen Sie die Boschplaat innerhalb von einer Stunde**. Die frühere Sandbank nimmt beinahe ein Drittel der Gesamtfläche von Terschelling ein und ist Brutplatz vieler Vogelarten. Noch eine Übernachtung, z. B. im **B&B de Postoari → S. 83**, dann geht es wieder auf das Festland. Die letzte Bootsfahrt des Ausflugs führt von Terschelling quer über das Wattenmeer ins Festlandstädtchen ❻ **Harlingen → S. 66** und dauert mit der normalen Fähre zwei Stunden, mit dem Schnellboot nur 40 Min. Harlingens hübsche **Altstadt** mit ihren Treppengiebelhäusern und Grachten ist einen abschließenden Spaziergang wert.

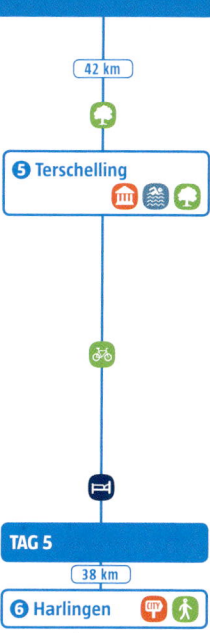

42 km

❺ Terschelling

TAG 5

38 km

❻ Harlingen

Ein Muss: Wer keine Wattwanderung mitgemacht hat, hat die Küste nicht wirklich erlebt

SPORT & WELLNESS

Die Niederlande sind eine sportbegeisterte Nation: Die etwa 24 700 Sportvereine haben gut 5,3 Mio. Mitglieder. Das Land bietet zahlreiche Gelegenheiten, unterschiedlichste Sportarten auszuüben.

Wassersport wird auch bei den Besuchern großgeschrieben. Die friesischen Seen und das Wattenmeer sind wahre Seglerparadiese mit guten Windverhältnissen und prima Infrastruktur. An der Nordseeküste kann man sich fast überall im Kitesurfen oder im Strandsegeln versuchen. Mindestens ebenso populär ist das Radfahren, das in diesem flachen Land nicht viel Anstrengung erfordert; jedenfalls, wenn der Wind aus der richtigen Richtung bläst! Dagegen ist Wellness in den Niederlanden noch eine Seltenheit. Einige Hotels haben inzwischen Sauna oder Pool, und es gibt ein paar Spas an der Küste. Die größte Wellness-Attraktion bleibt jedoch der frische Meerwind beim Strandspaziergang.

EISLAUF

Im Winter leiden die Niederländer kollektiv am Eisfieber. Dann drehen sich die Gespräche um die Dicke des Eises auf Flüssen und Kanälen und die Temperaturen der kommenden Nächte. Kein Wunder, denn das Land ist von Kanälen durchzogen, die im Winter zum beinahe endlosen Eiswegenetz werden. Übrigens läuft man hier nicht mit Kunst-, sondern mit Eisschnelllaufschuhen. Wer es richtig gut kann, trägt Klappschlittschuhe. Die Königsroute unter all den Touren ist die

Zu Luft, zu Wasser und zu Land: Vom Eislaufen bis zum Wattwandern – die besten Tipps für die Küste

elfstedentocht, ein Rennen über 200 km durch elf friesische Städte. Ein Spektakel, das nur veranstaltet wird, wenn das Eis die gut 16 000 Läuferinnen und Läufer auch wirklich zu tragen vermag. Das letzte dieser spektakulären Rennen fand im Januar 1997 statt. *www.elfstedentocht.nl*

DRACHENFLIEGEN

An den langen Stränden mit ihrer ständigen Briese kann man großartig Drachen steigen lassen. Das tun die Niederländer auch leidenschaftlich – von kleinen Kinderdrachen mit nur einer Schnur bis hin zu großen, teuren Lenkdrachen. An manchen Stränden ist das Drachenfliegen im Sommer allerdings verboten, um andere Strandbesucher nicht zu stören. Informationen dazu finden Sie auf Schildern am Strandeingang.

FALLSCHIRMSPRINGEN

Dank mäßiger Sommerwinde darf auch das Fallschirmspringen zu den besonderen Attraktionen in den Niederlanden gezählt werden. Schön ist dabei vor allem die große ⚓ Rundsicht über Wasser und Land. Auf den Watteninseln Texel und Ameland, aber auch in der Provinz Zeeland gibt es Fallschirmzentren.

Die meisten sind von März bis Oktober geöffnet. *www.enpc.nl, www.skydivezeeland.nl, www.skydiverotterdam.com*

INLINESKATING

In vielen Badeorten, aber auch in größeren Städten, werden im Sommer unter kundiger Führung abendliche Skatetouren organisiert. Mitmachen darf nur, wer die Bremstechnik beherrscht! Besonders beliebt bei Skatern ist die Provinz Flevoland, denn auf den neuen Poldern sind die Radwege in hervorragendem Zustand. In den Büros der Touristeninformation Flevoland liegen sechs Landkarten für Tagestouren bereit, darunter die *Fischertour* und die *Strandtour*. Wer in Friesland skaten möchte, kann sich an der eislosen Variante der *elfstedentocht* versuchen. Informationen in den friesischen Touristeninformationen und unter *www.skatebond.nl*

RADFAHREN

Die Niederlande sind ein Fahrradland par excellence, denn die platte Landschaft eignet sich wunderbar für entspanntes Radeln. Die meisten VVVs haben örtliche Routen ausgearbeitet und bieten Karten an. Alternativ helfen in den Städten die rot-weißen Schilder, auf dem Land die pilzförmigen Wegweiser.

In jedem größeren Ort gibt es einen Fahrradverleih, zumeist am Bahnhof oder im Fahrradladen. Dort kann man auch alle nötigen Extras mieten, von Regencapes bis zu Kinderanhängern *(www.fietsersbond.nl)*.

Alles zum Thema Fahrradtourismus, inklusive Tagestouren und einem Online-Fahrradroutenplaner, finden Sie unter *www.hollandfahrradland.de*.

SEGELN

In vielen friesischen Städtchen kann man Boote mieten und damit auf den umliegenden Seen segeln. Attraktiv sind auch Wattentörns mit den typisch niederländischen Plattbodenbooten aus der *bruine vloot*, der braunen Flotte, die wegen ihrer farbigen Segel so genannt wird. Anheuern kann man in Harlingen, Hoorn, Enkhuizen oder einem anderen Ort auf dem Festland, von wo aus die Reise auf eine oder mehrere Watteninseln führt. *Ca. 30 Euro pro Person pro Tag | Historische Zeilvaart Harlingen | Zuiderhaven 59 | Tel. 0517 41 32 42 | www.historischezeilvaart.nl*

SURFEN

Windsurfen ist auf den zahlreichen Seen in Friesland, aber auch auf den Westfriesischen Inseln angesagt. Brett und Segel kann man in allen größeren Badeorten mieten. An einigen Stellen ist die Nordsee ein Paradies für Wellensurfer. Unter Insidern besonders beliebt ist der Küstenabschnitt beim INSIDER TIPP *Strandpavillon Timboektoe* in der Nähe von Wijk aan Zee, wo die Strömung gering ist und immer ein leichter Südwestwind bläst.

Auch der Strand beim szenigen Café-Restaurant *Beachclub Jamm Beach (April– Sept. | www.jamm-beach.nl)* in Ter Heijde ist ein beliebter Surfertreffpunkt.

● *Dreams Surfschool (35 Euro für 2 Std. | Strandzugang Karel Doormanweg | Ter Heijde | Tel. www.dreamssurfschool.nl)* bietet dort Gruppen- oder Einzelunterricht im Surfen und Kitesurfen an.

TAUCHEN

Zeeland ist ein Lieblingsziel für Sporttaucher. Interessierte können wählen, ob sie lieber in stillem Wasser, wie es z. B. das Grevelingen-Meer bietet, tauchen möchten oder in den von den Gezeiten abhängigen Orten in der Oosterschelde und in der Nordsee. Bei letzteren muss unbedingt auf Ebbe und Flut geachtet werden! Genaue Infos bei den Tauchzentren vor Ort. Tauchkurse bietet beispielsweise das *Duikcentrum De Kabbelaar (Scharendijke | Tel. 0111 67 19 13 | www.kabbelaar. com)*.

WATTWANDERN

Ein ganz besonderes Erlebnis ist *wadlopen,* das ⭐ *Wattwandern* z. B. zwischen Ameland und Schiermonnikoog. Der etwa vierstündige Fußmarsch beginnt schon am frühen Morgen in Pieterburen. Ein mit Karte, Kompass und Peilstock ausgerüsteter Führer geht der Kolonne immer vor. Die ersten paar Meter watet man noch durch knöcheltiefen Schlick, schon bald sinkt man bis über die Knie in den Morast, später gar bis zur Brust. Die sehr anstrengende Tour eignet sich nur für geübte Wanderer mit guter Kondition. Sie kann lebensgefährlich werden, wenn man sie ohne Führung unternimmt und sich mit den Gezeiten verrechnet! Eine frühzeitige Anmeldung ist empfehlenswert: *Stichting Wadloopcentrum Pieterburen (Tel. 0595 52 83 00 | www. wadlopen.com)*. Das Wattenmeer kann auch von anderen Orten an der Küste, z. B. Wierum, Blije, Noordpolderzijl und Uithuizen aus überquert werden. Außerdem gibt es Wattwandertouren von den Inseln Texel, Ameland und Schiermonnikoog zum Festland.

Schon mal ein Plattbodenboot gesegelt? Die braune Flotte läuft regelmäßig zu Wattentörns aus

MIT KINDERN UNTERWEGS

Urlaub in den Niederlanden werden Ihnen Ihre Kinder ewig danken! Sie werden hier wie kleine Könige behandelt.

Kaum ein nordeuropäisches Volk ist so kinderfreundlich wie die Niederländer. In so gut wie jedem Restaurant gibt es Kinderstühle und Kindermenüs, und nirgends wird man schräg angeschaut, wenn die Kleinen mal lauter werden. Dass es in den unzähligen Parks Spielplätze mit unterschiedlichsten Kletter- und Spielgeräten gibt, ist selbstverständlich. Genauso wie in jüngster Zeit immer mehr Museen eine Kinderecke einrichten. Dazu kommen viele Attraktionsparks mit Wasserrutschbahnen und Riesenrädern gebaut. Über all die Kinderattraktionen in den Niederlanden informiert *www.uitmetkinderen.nl*.

ARSENAAL VLISSINGEN
(130 B4) (*A9*)

In dieser maritimen Abenteuerwelt schlägt das Herz des kleinen Piraten höher. Er kann auf Schatzinselsuche gehen, sich aus dem Mastkorb aufs Deck abseilen lassen oder auf einem Geisterschiff herumtollen. Im Ebbe-und-Flut-Aquarium mit 3500 l Meerwasser drehen Haie, Rochen und der selten gewordene Meerwolf ihre Runden. *Tgl. 10–19 Uhr | Eintritt 14,95, Kinder bis 12 Jahre 12,95 Euro | Arsenaalplein 1 | www.arsenaal.com*

MINI MUNDI (130 B4) (*A9*)
Unweit des Marktplatzes von Middelburg wurde die Insel Walcheren mit rund 200

Kinderparadies Niederlande: Spielend vergeht die Zeit – der Nachwuchs ist an der Küste gern gesehen

Bauwerken im Maßstab 1:20 aufgebaut. *Tgl. 10–19 Uhr | Eintritt ab 3 Jahren 12,50, ab 13 Jahren 8,50 Euro | Middelburg | www.minimundi.nl*

RANDSTAD

ARCHEON (128 C4) (*M D7*)
Im historischen Themenpark, der von kostümierten Schauspielern bevölkert wird, begibt man sich von der Frühgeschichte über die Römerzeit bis ins Mittelalter. *Di–So 10–17 Uhr | Eintritt ab 4*

Jahren 12,50, ab 10 Jahren 17,50 Euro | Archeonlaan 1 | Alphen aan de Rijn | www. archeon.nl

AVIFAUNA-VOGELPARK
(128 C4) (*M D7*)
3000 Vögel und die **INSIDER TIPP** höchste Rutschbahn der Niederlande (30 m) sind die Attraktionen des Parks. Auf einer 75-minütigen Rundfahrt über den Braassemersee können sich die Eltern von den Strapazen erholen. *Tgl. 9–18 Uhr, im Winter sind einige Attraktionen geschl. | Okt.–*

März Eintritt 7, Kinder 7 Euro, April–Sept.
14, Kinder 12,50 Euro | Hoorn 65 | Alphen
aan den Rijn | www.avifauna.nl

DIERGAARDE BLIJDORP
(128 B5) (*map* C7)
Ein überdachter Tropenwald trifft auf
mongolische Steppe, chinesischen Garten und asiatischen Sumpf – in diesem
Zoo leben die Tiere in einer ihrer Heimat
nachempfundenen Umgebung. *Tgl. 9–17,
im Sommer bis 18 Uhr | Eintritt 22, Kinder
bis 12 Jahre 17,50 Euro | Blijdorplaan 8 |
Rotterdam | www.diergaardeblijdorp.nl*

DUINRELL (128 B4) (*map* C7)
Die Fledermausmobile, mit denen man
über die Dünen fliegen kann, sind die
eine Hauptattraktion dieses Freizeitparks, die lange Wasserrutsche die andere. Begeistert sind die Kinder aber auch
vom tropischen Tikibad. *Mai–Ende Okt.
tgl. 10–17, Tikibad ganzjährig 10–22 Uhr |
Eintritt 20 Euro, Kinder unter 4 Jahren frei,
Tikibad 2 Std. 3,50 Euro Zuschlag | Duin-
rell 1 | Wassenaar | www.duinrell.nl*

MADURODAM (128 B4) (*map* C7)
Alle bekannten Bauwerke des Landes wie
der Königliche Palast in Amsterdam oder
das Parlament in Den Haag sind im Maß-
stab 1:25 nachgebaut. *Jan./Feb. 11–17,
März, Sept./Okt. 9–19, April–Aug. 9–20,
Nov./Dez. 11–17 Uhr | Eintritt ab 3 Jahren
15,50 Euro | George Maduroplein 1 | Sche-
veningen | www.madurodam.nl*

MUSEON (128 B4) (*map* C7)
Vom Flugsaurier und anderen Wundern
dieser Welt wird in diesem Haus erzählt
– wissenschaftliches Kindermuseum mit
der Darstellung von Weltall, Erde und Na-
tur. *Di–So 11–17 Uhr | Eintritt 11,50, Kinder
ab 4 Jahren 6,50, 12–18 Jahre 8,50 Euro |
Stadhouderslaan 37 | Scheveningen |
www.museon.nl*

NATURALIS (128 B4) (*map* C7)
Hypermoderne naturhistorische Schatz-
kammer mit über 8000 Exponaten,
darunter die Skelette einer 9 m langen
Eidechse, eines Urpferds und eines Mam-
muts. *Tgl. 10–17 Uhr | Eintritt 12, Kinder ab
4 Jahren 9 Euro | Darwinweg 2 | Leiden |
www.naturalis.nl*

SEA LIFE SCHEVENINGEN
(128 B4) (*map* C7)
In den 45 Aquarien von Sea Life bestaunen Sie aus der Nähe, was im Wasser
lebt, von Krokodilen über Mantarochen
bis hin zu Ottern. Im Unterwassertun-
nel kommen Haie und Meeresschildkrö-
ten zum Greifen nahe. *Sept.–Juni tgl. 10–
18 Uhr, Juli/Aug. 10–20 Uhr | Eintritt 16,75,
Kinder ab 3 Jahren 12,75 Euro | Strand-
weg 13 | Den Haag | www.visitsealife.com*

RUND UMS IJSSELMEER

AQUAZOO (127 E2) (*map* F2)
Was Sie und Ihre Kinder schon immer
über Seehunde und Pinguine, Otter und
Wallabies wissen wollten, erfahren Sie in
diesem Park in Leeuwarden. *Nov.–Feb.
10–16 Uhr, März–Okt. 10–17 Uhr, Juli/Aug.
10–18 Uhr | Eintritt ab 3 Jahren 16 Euro |
de Groene Ster 2 | www.aquazoo.nl*

DE BATAVIER (128 C1) (*map* D5)
Zwischen Alkmaar und Bergen liegt dieser Spielgarten mit Rutschbahn, Fami-
lienschaukel und Trampolinen. Restaurant mit großer Terrasse. *Mai–Aug. tgl.
10–18 Uhr, April, Sept., Okt. Mi/Sa 13–18
und So 12–18 Uhr | Eintritt 6, Kinder ab 6
Jahren 8,50 Euro | Bergerweg 100 | Alk-
maar | www.debatavier.nl*

INSIDER TIPP ▶ KLIMDUIN ●
(126 A5) (*map* D4)
Die 51 m hohe Sanddüne schwappt ins
Zentrum des Ortes Schoorl. Im Winter

kann man dort Schlitten fahren, im Sommer Wettrennen hinauf veranstalten und sich dann herunterkullern lassen.

WALIBI HOLLAND (129 F2) (*$\square$ F5*)

Vergnügungspark mit Kart- und Achterbahnen, Riesenrad, Zauberschloss und allem, was sonst dazugehört. *April–Juni tgl. 10–17, Juli/Aug. tgl. 10–20 Uhr, Sept./Okt. Fr–So 10 bis 17 Uhr | Eintritt ab 12 Jahren 27,50, Kinder ab 6 Jahren 25 Euro | Spijkweg 30 | Biddinghuizen | www.walibi.nl*

ZEEAQUARIUM (126 A6) (*$\square$ D5*)

Ein Sammelsurium an Meeresbewohnern. Rund 40 Aquarien mit z. T. tropischen Fischen, außerdem drei große Bassins, die zeigen, wie es im Meer oder an einem Korallenriff aussieht. *April–Sept. tgl. 10–18, Okt.–März 11–17 Uhr | Eintritt 9,50, Kinder 7,50 Euro |* *Van der Wijckplein 16 | Bergen aan Zee | www.zeeaquarium.nl*

WESTFRIESISCHE INSELN

CENTRUM VOOR NATUUR
(126 C1) (*$\square$ E2*)

Naturmuseum und Aquarium, viel Wissenswertes über die Nordseefauna und -flora. *April–Okt. Mo–Fr 9–17, Sa/So 14–17 Uhr, Nov.–März Sa/So/Di 14–17 Uhr | Eintritt 6, Kinder 4,50 Euro | Burgemeester Reedekkerstraat 11 | Terschelling | www.natuurmuseumterschelling.nl*

ZWEMPARADIJS CALLUNA
(126 A3) (*$\square$ D3*)

Spaßbad auf Texel mit 85-m-Rutsche, Wildwasserbahn, Wassermassagebänken und Solariumgrotte. *Mo, Do 10–16, Di 10.20–18, Mi, So 10–18, Fr/Sa 10–20 Uhr | Eintritt 9,50, Kinder 5,50 Euro | Schumakersweg | De Koog*

Ein Strand, ein Steg, Salz- oder Süßwasser: An Badeplätzen herrscht kein Mangel

EVENTS, FESTE & MEHR

JANUAR

Scheveningen: *Nieuwjaarsduik.* Neujahrsschwimmen in der Nordsee

MÄRZ

⭐ *Keukenhof (Lisse).* Tollste Blumenshow der Niederlande. *Ab Ende März*
Alkmaar: *Käsemarkt.* Von Ende März bis Anfang Sept. *(Fr 10–12.30 Uhr)* ist der traditionelle Markt Touristenattraktion Nummer eins in der Region.

APRIL

⭐ *Koningsdag.* Knalliges Orange überall: Der Geburtstag des Königs ist ein feuchtfröhliches Fest. *27. April – fällt er auf einen So, wird am 26. gefeiert*
Noordwijk-Haarlem: *Großer Blumenkorso. Am 3. Sa im Monat*
Den Oever: *Fischmarkt.* Klein, aber fein. *April–Okt. jeden Sa 9–12.30 Uhr. Bei schlechtem Wetter geschl.*

MAI

Nationaler Mühlentag. Am 2. Sa ist Tag der offenen Mühlen.
Jazzfestival Middelburg. Auftritte internationaler Stars in der ganzen Stadt. *Pfingstwochenende*

JUNI

Scheveningen: *Vlaggetjesdag.* Traditionelles Fischerfest zur Eröffnung der Heringssaison. *Anfang Juni*
Den Haag: *Tong Tong Fair.* Beliebter indonesischer Jahrmarkt. *Anfang Juni*
Den Haag: Das *Festival Classique* (www.festivalclassique.nl) verwandelt die gesamte Innenstadt eine Woche lang in einen Konzertsaal. *Mitte Juni*
Terschelling: **INSIDER TIPP** *Oerol-Festival* (www.oerol.nl). 10 Tage Theater und Konzerte auf der Insel. *Mitte–Ende Juni*
Den Haag: *Parkpop.* Größtes niederländisches Gratis-Popfestival im Zuiderpark. *Ende Juni*
Gouda: *Käsemarkt. Mitte Juni–Ende Aug., jeden Do 10–12.30 Uhr*

JULI

Leiden: *Lakenfeesten.* Tuchmarkt mit Kirmes und Musik. *Anfang Juli, sonntags*
Rotterdam: **INSIDER TIPP** *North Sea Jazz Festival.* Dreitägiges Jazzfestival mit Auftritten internationaler Stars. *Mitte Juli*
Kinderdijk: *Mühlentage.* Windmühlen sind jeden Sa in Betrieb. *Juli–Ende Aug.*
⭐ *Skûtsjesilen.* Regatten zwischen friesischen Plattbodenschiffen an zehn Orten in Friesland. *Ende Juli–Mitte Aug.*

Festivals und viel Meer: Folklore, Konzerte und Strandfeste bestimmen den Kalender der Küste

AUGUST

Sneek: *Sneekweek*. Segelfest in der ersten Augustwoche

Yerseke: *Muscheltag*. Muschelessen satt und Fischerfest. *3. Sa im Aug.*

Scheveningen: dreitägiges *internationales Feuerwerkfestival* am Pier. *Mitte Aug.*

SEPTEMBER

Rotterdam: *Welthafentage*. *Volksfest am ersten Wochenende im Monat*

INSIDER TIPP *Nazomer Festival Zeeland.* 125 Aufführungen in historischen Gebäuden der ganzen Provinz. *Anfang Sept.*

Open Monumentendag. Landesweit öffnen zwei Tage lang tausende denkmalgeschützte Gebäude ihre Türen für Besucher. *2. Septemberwochenende*

OKTOBER

Workum: *Strontrace*. Plattbodenbootregatta übers IJsselmeer, begleitet von Fischereitagen und Seemannsliederfest. *Monatsende*

NOVEMBER

Den Haag: *Crossing Border*. Literatur- und Weltmusikfestival. *Monatsmitte*

DEZEMBER

Sinterklaas. Der niederländische Nikolaus kommt am 5. Dez.

FEIERTAGE

1. Jan.	Neujahr
März/April	Karfreitag, Ostermontag
27. April	*Koningsdag*
4. Mai	Gedenktag für die Opfer des 2. Weltkriegs
5. Mai	Gedenktag zur Befreiung von der deutschen Besatzung (jedes 5. Jahr Feiertag)
Mai	Christi Himmelfahrt
Mai/Juni	Pfingstmontag
25./26. Dez.	Weihnachten

LINKS, BLOGS, APPS & CO.

LINKS & BLOGS

short.travel/nik1 Rezepte aus der niederländischen Küche, nach Herkunftsregion sortiert. Vom traditionellen „Heißen Blitz" (Kartoffelbrei mit Äpfeln) bis hin zu kreativem Sirupwaffelsoufflé

www.koninklijkhuis.nl Willem-Alexander & Co. haben eine eigene Website. Neben der Geschichte des Königshauses erfahren Sie auch Hintergründe zur royalen Rolle in der aktuellen Politik sowie Infos zur Thronfolge und Organisation des königlichen Haushalts

short.travel/nik2 Wie ist gerade das Wetter am Strand von Noordwijk? Auf dieser Seite finden Sie Links zu Webcams entlang der gesamten Küste

www.marcopolo.de/niederlande-kueste Interaktive Karten inklusive Planungsfunktion, Impressionen aus der Community, aktuelle News und Angebote …

www.holland-hund.de Es gibt nichts, was es nicht gibt: Auf dieser Website geht es um Ferien mit Hund – von Einreisebestimmungen für Vierbeiner bis zu hundetauglichen Ferienhäusern

short.travel/nik3 Simone Gorosics verschlug es 1999 aus Süddeutschland nach Holland. In ihrem Blog berichtet sie über den Alltag in den Niederlanden, vor allem natürlich über die großen und kleinen Unterschiede zu Deutschland

grachtenundgiebel.de Ralf Johnen und Frida van Dongen schreiben über Holland in allen Facetten: von Städten und Stränden über Design und Mode bis hin zu Hotels, Restaurants – und Fußball

www.buurtaal.de/blog Eine Niederländerin erklärt auf Deutsch, wieso ihre Landsleute Fahrräder so lieben, weshalb sie viele Katzen halten und ihr Gemüse gerne fertig geschnitten kaufen

Egal, ob für Ihre Reisevorbereitung oder vor Ort: Diese Adressen bereichern Ihren Urlaub. Da manche sehr lang sind, führt Sie der short.travel-Code direkt auf die beschriebenen Websites. Falls bei der Eingabe der Codes eine Fehlermeldung erscheint, könnte das an Ihren Einstellungen zum anonymen Surfen liegen

VIDEOS & MUSIK

short.travel/nik4 NDR-Reporter Til-mann Bünz geht Vorurteilen über die Niederlande auf den Grund – und zwar ganz landestypisch per Fahrrad

short.travel/nik5 Im Vimeo-Kanal des Radfahrerverbands Fietsplatform wird die Beschilderung von Fahrradrouten in den Niederlanden erklärt – ein Vor-geschmack aufs Radeln durch hollän-dische Landschaften

short.travel/nik6 Reisecommunity mit vielen Tips und Reiseberichten über die Niederlande. Nutzer empfehlen ihre Lieblingsorte und teilen ihre Erlebnis-se im Land der Tulpen

short.travel/nik7 In dieser Folge der Arte-Reihe „Mit offenen Karten" werden die Folgen des Klimawandels für die kurze belgische und die viel längere niederlän-dische Küste anschaulich erklärt

www.facebook.com/visitholland Facebook-Seite des Niederländischen Touris-musbüros. Hier können Sie alle Fragen rund um Reisen in die Niederlande los-werden, finden Veranstaltungshinweise und aktuelle Fotos

www.facebook.com/NiederlandeNet Auftritt des Informationsportals Niederlan-de-Net der Universität Münster. Hier gibt es vor allem deutschsprachige News aus den Niederlanden, von Politik über Kultur bis hin zum Sport

APPS

Visit Holland App Kostenlose App für iPhone und Android, die Ihnen sowohl on-line als auch offline aktuelle Informationen über Sehenswürdigkeiten und Ver-anstaltungen bietet

DirectLease TankService Die iPhone-App kennt die Benzinpreise an 3750 nieder-ländischen Tankstellen und hilft, die günstigste Möglichkeit im Umkreis zu finden

Rotterdam City Guide Englischsprachiger Android-Stadtführer für Rotterdam, in-klusive aktuellen Restaurant-, Shopping- und Clubtipps und Stadtplan

Getijden – Marine Tides Planner iPhone-App mit den Gezeiten in 5000 Häfen weltweit, darunter auch alle wichtigen Häfen in den Niederlanden. Auch offline

PRAKTISCHE HINWEISE

ANREISE

🚗 Über die deutschen Autobahnen sind die Niederlande über viele Grenzübergänge zu erreichen. Vom Westen (Köln) über die A 57 oder die A 3, aus Richtung Hamburg über die A 1 und A 30, aus Richtung Berlin über die A 2/A 30.

🚆 Das Streckennetz der Eisenbahn und der Busse ist in Richtung Küste gut ausgebaut. Es verkehren Schnell- und Intercity-Züge in kurzen Abständen. Mit IC- und EC-Zügen sind die Niederlande von allen europäischen Städten aus schnell erreichbar. Ab Frankfurt und Köln fährt auch der ICE nach Amsterdam. Fahrzeit Osnabrück – Amsterdam: ca. 3 Stunden, ab Frankfurt mit dem ICE ca. 4 Stunden. München und Basel haben je einen direkten Nachtzug. Tagsüber muss man von der Schweiz in Frankfurt, von Österreich in München umsteigen.

🚌 Amsterdam, Den Haag und Rotterdam sind von Deutschland aus per Fernbus *(www.fernbusse.de)* erreichbar. *Flixbus*, *Berlin Linien Bus*, *Eurolines*, *MeinFernbus* und *Megabus* bieten täglich günstige Fahrten in die Niederlande an. Eine einfache Fahrt von Frankfurt nach Amsterdam kostet ab 19 Euro pro Person. Auf längeren Strecken fahren auch Nachtbusse, so etwa München–Amsterdam.

✈ Der internationale Flughafen Schiphol liegt 18 km von Amsterdam entfernt. Täglich gibt es mehrere Flugverbindungen mit allen wichtigen europäischen Städten. Ein regulärer Economy-Flug von Hamburg nach Amsterdam kostet ungefähr 300 Euro. *Easyjet* fliegt von Berlin, Hamburg und Basel nach Amsterdam. Vom unterirdischen Bahnhof Schiphols aus ist jeder Ort des Landes erreichbar. Nach Den Haag, Rotterdam und Amsterdam fahren pro Stunde bis zu sechs Züge. Einige Fluglinien fliegen inzwischen aber auch die kleineren Flughäfen Rotterdam und Eindhoven an, so etwa *Lufthansa* ab München und *Transavia* ab Berlin (nur Eindhoven), Innsbruck und Salzburg. Vom Flughafen Rotterdam fährt Bus 33 in 20 Min. zum Bahnhof. Möchten Sie nach Zeeuws Vlaanderen, kann der Flughafen Brüssel die günstigste Lösung sein.

GRÜN & FAIR REISEN

Auf Reisen können auch Sie viel bewirken. Behalten Sie nicht nur die CO_2-Bilanz für Hin- und Rückreise im Hinterkopf *(www.atmosfair.de; de.myclimate.org)* – etwa indem Sie Ihre Route umweltgerecht planen *(www.routerank.com)* –, sondern achten Sie auch Natur und Kultur im Reiseland *(www.gate-tourismus.de; www.ecotrans.de)*. Gerade als Tourist ist es wichtig, auf Aspekte wie Naturschutz *(www.nabu.de; www.wwf.de)*, regionale Produkte, wenig Autofahren, Wassersparen und vieles mehr zu achten. Wenn Sie mehr über ökologischen Tourismus erfahren wollen: europaweit *www.oete.de*; weltweit *www.germanwatch.org*

AUSKUNFT

NIEDERLÄNDISCHES BÜRO FÜR TOURISMUS (NBT)
Postfach 270 580 | 50511 Köln | Tel. 0221 9 25 71 70 | www.niederlande.de

Von Anreise bis Zoll

Urlaub von Anfang bis Ende: die wichtigsten Adressen und Informationen für Ihre Reise an die Niederländische Küste

VVV

Im Land gibt es 350 Verkehrsbüros, die VVV *(Vereniging voor Vreemdelingenverkeer)*. Gegen Gebühr vermitteln sie Unterkünfte und Ausflüge, verkaufen Wander- und Straßenkarten *(meist Mo–Fr 9–17, Sa 10–13 Uhr, im Sommer z. T. auch sonntags)*.

AUTO

Auf Autobahnen sind 130 km/h, auf Schnellstraßen 100 km/h und auf Landstraßen 80 km/h erlaubt. In den Ortschaften darf man 50 km/h bzw. 30 km/h fahren. Die Einhaltung der Geschwindigkeit wird geprüft, auf manchen Autobahnen auch mit ständiger Streckenkontrolle. Die Bußgelder sind gepfeffert: Eine Geschwindigkeitsübertretung von 20 km/h kostet bis zu 150 Euro.

BAHN

Das öffentliche Verkehrsnetz ist mit Bus und Bahn gut ausgebaut. Platzreservierungen und IC-Zuschläge kennt man in den Niederlanden nicht. Kinder (4–11 Jahre) zahlen in Erwachsenenbegleitung nur 2,50 Euro *(railrunner)*. Auch sonst sind Bahnfahrten recht günstig: Ein einfaches Ticket für die Fahrt von Rotterdam nach Haarlem kostet z. B. 11,90 Euro, von Leiden nach Haarlem nur 5,70 Euro – die grandiose Aussicht vom Fenster aus über die Tulpenfelder ist gratis.

Karten zieht man in der Regel am Automaten, der EC-Karten mit Maestro-Zeichen akzeptiert. Am Schalter bezahlt man pro Karte 50 Cent Zuschlag. Karten beim Schaffner kosten deutlich mehr als am Schalter oder Automaten. Tel. Auskunft 030 7515155. Zugfahrpläne listet *www.ns.nl*, internationale Züge unter *www.nsinternational.nl*.

Das eigene Rad können Sie im Zug mitnehmen (Wagen mit Fahrradsymbol beachten), dafür ist eine Fahrkarte *(Tageskarte 6 Euro)* nötig. Sept.–Juni ist die Mitnahme Mo–Fr 6.30–9 und 16–18.30 Uhr nicht erlaubt.

WAS KOSTET WIE VIEL?

Kaffee	2,50 Euro	
	für eine Tasse Kaffee	
Fisch	5 Euro	
	für eine Portion frittierten Fisch am Strand	
Bier	2,20 Euro	
	für ein kleines Glas Bier	
Radmiete	8 Euro	
	pro Tag	
Benzin	1,60 Euro	
	für einen Liter Super	
Tulpen	5 Euro	
	für 10 Stück	

BED & BREAKFAST

Die niederländische Küste ist gespickt mit kleinen Pensionen und privaten Zimmervermietungen, die man z. B. über *www.bedandbreakfast.nl* findet. Für Friesland gibt es eine separate Website: *www.bedenbrochje.nl*. Wer auf einem Bauernhof übernachten möchte, schaut bei *www.boerderijkamers.nl*. Unterkünfte in historischen Gebäuden vermittelt *www.erfgoedlogies.nl*.

CAMPING

Campingplätze gibt es in hoher Zahl an der Küste, pro Tag und Person muss man mit 15–20 Euro rechnen. Wildes Campen ist verboten, die Geldbußen sind hoch. Auf *www.camping.info/niederlande* ist fast jeder niederländische Campingplatz verzeichnet. Dort können Sie auch nach unterschiedlichen Kriterien suchen wie etwa Kinderfreundlichkeit oder FKK.

CHARTERBOOTE

Das niederländische Wassernetz ist rund 6000 km lang, etwa 900 000 Urlauber befahren es jährlich. Eng kann es dann in Häfen und vor Schleusentoren werden. Beliebt sind Fahrten in Zeeland, im IJssel- und Wattenmeer. Inzwischen gibt es über 500 Boote in der *bruine vloot*, die wegen der Farbe ihrer Segel so genannt wird, deren Eigentümer sich in der Stiftung *Traditionelle Charterfahrten (TCN)* zusammengeschlossen haben. Enkhuizen gehört zu den großen Yacht- und Segelzentren. Gruppen- und Individualreisen per Boot bietet die Reederei *NAU-*PAR (Tel. 088 2 52 50 00 | *www.naupar. nl*). Sie besitzt 140 Segelschiffe z. B. für Törns auf IJsselmeer und Wattenmeer.

DIPLOMATISCHE VERTRETUNGEN

BOTSCHAFT DER BUNDESREPUBLIK DEUTSCHLAND

Groot Hertoginnelaan 18–20 | 2517 EG Den Haag | Tel. 070 3 42 06 00 | www. den-haag.diplo.de

BOTSCHAFT DER REPUBLIK ÖSTERREICH

Van Alkemadelaan 342 | 2597 AS Den Haag | Tel. 070 3 42 54 70 | www.bmeia. at/denhaag/

BOTSCHAFT DER SCHWEIZ

Lange Voorhout 42 | 2514 EE Den Haag | Tel. 070 3 64 28 31 | www.eda.admin.ch/ denhaag

EINREISE

Schweizer benötigen eine Identitätskarte, für EU-Bürger genügt ein Perso-

RADELN MIT KNOTENPUNKTEN

Die Niederlande sind ein ideales Fahrradland – weil sie so schön flach sind und die Infrastruktur stimmt. Fast überall gibt es separate Radwege, und obendrein ist das gesamte Land mit einem Netz aus *Fahrrad-Knotenpunkten* überzogen. Knotenpunkte befinden sich an Kreuzungen oder Abzweigen. Auf einer Radtour kann man einfach von einem Knotenpunkt zum nächsten radeln, indem man den grün nummerierten Routenschildern folgt. Jeder Knotenpunkt hat eine Nummer und vor Ort ein Infoschild mit detaillierter Umgebungskarte. Auch die Distanz zum nächsten Knotenpunkt wird hier angegeben. In Radführern steht bei jeder Tour eine Liste der Knotenpunktnummern, denen man folgen soll – mehr braucht man nicht, um den Weg zu finden. Und regnet es einmal, lässt sich die Tour mit Hilfe der Knotenpunkte problemlos abkürzen. Mehr Infos und einen Webshop mit Routenkarten findet man unter *www.hollandfahrradland.de*.

nalausweis, eine Grenzkontrolle findet aber kaum noch statt. Tiere benötigen eine Bescheinigung über die Tollwutimpfung.

FERIENWOHNUNGEN

Das umfassendste Angebot mit Online-Buchung bieten *www.aanzee.com* und *www.nederlandsvakantiehuis.nl*. Luxuriöse Villen finden Sie bei *www.specialvillas.nl*. Die Staatlichen Forstverwaltung vermietet einsame Häuser in Waldgebieten: *www.staatsbosbeheer.nl* (auf „Overnachten" klicken)

HUNDE

Die Niederländer sind tierlieb. Die meisten Hotels und Vermieter von Ferienhäusern haben keine Einwände gegen die Mitnahme von Vierbeinern. Für die Einreise benötigen Sie einen EU-Heimtierausweis, der Hund muss gechipt oder tätowiert und gegen Tollwut geimpft sein. An den Stränden gibt es sehr unterschiedliche Regelungen. In manchen Gemeinden dürfen Hunde das ganze Jahr über an den Strand, in anderen nur außerhalb der Hochsaison und zu bestimmten Zeiten. Informieren Sie sich über die Regeln des jeweiligen Urlaubsorts im Vorfeld, eine Liste gibt es unter *short.travel/nik8*.

JUGENDHERBERGEN

In den Niederlanden gibt es 30 Jugendherbergen – die wohl schönste ist INSIDER TIPP *Kastell Westhove* bei Domburg, auch für Familien und Nichtmitglieder. Mit der Mitgliedskarte von Hostelling International gibt es 2,50 Euro Rabatt pro Übernachtung. Auskunft/Reservierung: Stayokay (Zandpad 5 | Amsterdam | Tel. 020 5 51 31 55 | www.stayokay.com)

KLIMA & REISEZEIT

Das Klima wird durch Meer und Golfstrom bestimmt und ist gemäßigt: Die Sommer sind nicht zu heiß und die Winter mild. In Zeeland scheint die Sonne häufiger als anderswo im Land. Die Wassertemperaturen liegen im Sommer bei frischen 16 °C, manchmal auch darüber. Mai und Juni sind die niederschlagsärmsten Monate. Dennoch sollten Sie nie den Regenschirm und Regenkleidung vergessen.

MUSEUMSKARTE (MK)

Wer mehrere Museen besuchen will, sollte die Museumskarte *(Museumkaart)* kaufen. Sie ist ein Jahr gültig und berechtigt zum kostenlosen Besuch der meisten Museen in den Niederlanden. Die Jahreskarte kostet 54,95 Euro, für Jugendliche bis 18 Jahren 27,50 Euro *(www.museumkaart.nl)*. Sie ist online und in den Museen erhältlich. Die Museen, die die Museumskarte akzeptieren, sind im Text mit „MK" gekennzeichnet.

NOTRUF

Die *kostenlose Notrufnummer* ist landesweit die 112. Für weniger dringende Fälle gibt es in den meisten größeren Orten den *centrale doktersdienst,* der rund um die Uhr erreichbar ist. Die Telefonnummer erfährt man an der Hotelrezeption oder im VVV-Büro.

ÖFFENTLICHE VERKEHRSMITTEL

In Bussen und Straßenbahnen fahren Sie mit einer OV-*chipkaart* (OV-Chipkarte). Die alten *strippenkaarten* sind nicht mehr gültig. OV-Chipkarten bekommen Sie am Fahrkartenautomaten. Es gibt Wegwerfkarten, die nur für einzelne Fahrten oder einige Stunden gültig und relativ teuer sind. In Rotterdam bekommen Sie auch günstige Tages- und Mehrtagestickets. Eine Alternative für alle, die öfter mit den Öffentlichen fahren, ist eine wiederverwendbare Chipkarte, die aufgeladen wird. Sie kostet einmalig 7,50 Euro.

Geld auf die Karte laden Sie am Fahrkartenautomaten und an gelben Automaten, die in vielen Supermärkten und Zeitschriftenläden stehen. Für alle Chipkarten gilt, dass man damit unbedingt beim Einsteigen ein- und beim Aussteigen wieder auschecken muss – auch wenn man nur umsteigen will! Dafür halten Sie die Karte vor ein Lesegerät neben der Tür bzw. auf dem Bahnsteig, bis es kurz piept. Vergessen Sie das Auschecken, wird die Karte ungültig. Das betrifft auch Tages- und Mehrtageskarten,

obwohl es nicht logisch erscheinen mag. Die wiederverwendbaren Chipkarten können Sie auch für Zugfahrten genutzt werden. Dazu müssen Sie am Fahrkartenautomaten „Reizen op Saldo" bzw. „Travelling with Credit" aktivieren und ein Minimumsaldo von 20 Euro auf die Karte laden. Anschließend können Sie mit der Karte einfach an den niedrigen Durchgangspforten im Bahnhof ein- und auschecken, anstatt einen Papierfahrschein zu kaufen. Nach der Fahrt wird der korrekte Fahrpreis automatisch von Ihrem Guthaben abgebucht. Informationen: *www.ov-chipkaart.nl*

ÖFFNUNGSZEITEN

Allgemeine Öffnungszeiten: 8.30 bis 18 Uhr, Supermärkte oft bis 20 Uhr, am Sa bis 17 Uhr, Mo vormittags sind die meis-

WETTER AUF TEXEL

	Jan.	Feb.	März	April	Mai	Juni	Juli	Aug.	Sept.	Okt.	Nov.	Dez.
Tagestemperaturen in °C	5	4	7	10	14	18	20	20	18	14	9	6
Nachttemperaturen in °C	1	1	2	5	9	12	14	15	13	9	5	2
☀ Sonnenschein Stunden/Tag	2	3	4	6	7	7	7	6	5	3	2	1
☂ Niederschlag Tage/Monat	13	11	9	9	7	7	10	11	11	13	14	13
≋ Wassertemperaturen in °C	5	5	5	7	10	13	16	17	16	14	10	8

☀ Sonnenschein Stunden/Tag   ☂ Niederschlag Tage/Monat   ≋ Wassertemperaturen in °C

ten Geschäfte geschlossen. In einigen Urlaubsorten und in den Zentren der Großstädte haben Läden auch So 12 bis 17 Uhr geöffnet.

PARKEN

Aus den Städten wird der Autoverkehr verbannt, da den Parkproblemen anders nicht mehr beizukommen ist. Das Parken ist relativ teuer (es gibt Parkuhren und Parkautomaten, also an Münzen denken). Die Tarife schwanken zwischen 1,50 und 5 Euro pro Std. Je nach Stadt muss täglich zwischen 9 und 19 Uhr, in Amsterdam bis 24 Uhr bezahlt werden. Auch an den Stränden stehen Parkautomaten. Ist die Parkzeit überschritten, wird im schlimmsten Fall eine Radklemme *(wielklem)* angeschraubt und man muss das Auto gegen eine dreistellige saftige Gebühr (die Höhe ist unterschiedlich) auslösen. Hotels in Küstenorten, wo das Parken kostenpflichtig ist, haben häufig private Parkplätze, die man bei der Zimmerbuchung mitreservieren kann. Manche bieten auch einen Parkschein zum Parken auf der Straße an.

POST

Die Post heißt in Holland *Post NL,* die Ämter sind mit orangefarbenen Schildern gekennzeichnet und Mo–Fr 9–18 Uhr geöffnet, am Sa 9–12 oder 13 Uhr. In den Bahnhöfen gibt es keine Post. Briefe und Postkarten innerhalb der EU kosten 1,15 Euro. Briefmarken kann man aber auch in allen größeren Supermärkten am Kioskstand kaufen.

TELEFON & HANDY

Landesvorwahl Deutschland: *0049,* Schweiz *0041,* Österreich *0043.* Vorwahl Niederlande: *0031.*

In den Niederlanden finden Sie vor allem Kartentelefone. Telefonkarten kauft man in Bahnhöfen, bei der Post, in Souvenirläden und in vielen VVV-Büros. Prepaid-Karten für Mobiltelefone können Sie in Telefongeschäften kaufen, vielerorts werden Sie sie aber auch in Kiosken und Supermärkten finden.

TRINKGELD

Trinkgeld um die zehn Prozent im Restaurant ist üblich. Das Personal in den öffentlichen Toiletten erwartet bis zu 50 Cent Servicegeld.

WETTERVORHERSAGE

Wettervorhersagen gibt es online bei *www.weeronline.nl* und *www.weer.nl.* Praktisch ist vor allem der Regenradar, der zwei Stunden im Voraus vor Schauern warnt. Er ist auch als Gratis-App für iPhone und Android unter dem Namen *Buienradar* erhältlich.

ZEITUNGEN & ZEITSCHRIFTEN

Noch am Erscheinungstag bekommen Sie an Bahnhöfen oder Kiosken vor allem in den touristischen Ballungsgebieten der Niederländischen Küste alle großen deutschsprachigen Tageszeitungen, Wochenzeitungen und außerdem viele Illustrierte.

ZOLL

Waren für private Zwecke können innerhalb der Mitgliedsstaaten der EU in unbegrenzten Mengen zollfrei ein- und ausgeführt werden *(www.zoll.de)*. Für Bürger der Schweiz gelten Mengenbeschränkungen, z. B. 200 Zigaretten, 2 l Wein und 1 l Spirituosen.

SPRACHFÜHRER NIEDERLÄNDISCH

AUF EINEN BLICK

ja/nein/vielleicht	ja [ja]/nee [nee]/misschien [miss-chien]
bitte/danke	*(Sie)* alstublieft [aschtüblieft]/*(du)* alsjeblieft [aschjeblieft]/bedankt [bedankt]
Entschuldigung.	Sorry. [sorri]
Darf ich ...?	Mag ik ...? [mach ick]
Wie bitte?	Pardon? [pardong]
Ich möchte .../Haben Sie ...?	Ik wil graag ... [ick will chraach]/Heeft u ...? [heeft ü]
Wie viel kostet ...?	Hoeveel kost ...? [hufeel kost]
Das gefällt mir (nicht).	Dat vind ik (niet) leuk. [dat find ick (niet) löök]
kaputt/funktioniert nicht	kapot [kapott]/werkt niet [werkt niet]
Hilfe!/Achtung!/Vorsicht!	Hulp! [hülp]/Let op! [lett opp]/Voorzichtig! [foorsichtich]
Krankenwagen	ambulance [ambülanze]
Polizei/Feuerwehr	politie [polizi]/brandweer [brandweer]

BEGRÜSSUNG & ABSCHIED

Gute(n) Morgen!/Tag!/Abend!/Nacht!	Goeden morgen!/dag!/avond!/nacht! [chuje morche/dach/afond/nacht]
Hallo!/Auf Wiedersehen!	Hallo! [hallou]/Dag! [daach]
Tschüss!	Doei! [duui]
Ich heiße ...	Ik heet ... [ick heet]
Wie heißen Sie?	Hoe heet u? [hu heet ü]
Wie heißt Du?	Hoe heet je? [hu heet je]
Ich komme aus ...	Ik kom uit ... [ick komm öüt]

DATUMS- & ZEITANGABEN

Montag/Dienstag	maandag [maandach]/dinsdag [dinnsdach]
Mittwoch/Donnerstag	woensdag [wuunsdach]/donderdag [donderdach]
Freitag/Samstag	vrijdach [fraidach]/zaterdag [saterdach]
Sonntag/Feiertag	zondag [sonndach]/feestdag [feestdach]
heute/morgen/gestern	vandaag [fanndaach]/morgen [morche]/gisteren [chisteren]
Wie viel Uhr ist es?	Hoe laat is het? [hu laat is hett]
Es ist drei Uhr.	Het is drie uur. [hett is drie üür]
Es ist halb vier.	Het is half vier. [hett is half fier]
Viertel vor vier	Kwart voor vier [kwart foor fier]
Viertel nach vier	Kwart na vier [kwart naa fier]

Spreek jij nederlands?

„Sprichst du Niederländisch?" Dieser Sprachführer hilft Ihnen, die wichtigsten Wörter und Sätze auf Niederländisch zu sagen

UNTERWEGS

offen/geschlossen	open [oupen]/gesloten [cheslooten]
Eingang/Einfahrt	ingang [innchang]/inrit [inritt]
Ausgang/Ausfahrt	uitgang [öütchang]/uitrit [öütritt] *(Parkhaus)*, afslag [affslach] *(Autobahn)*
Abfahrt/Abflug/Ankunft	vertrektijd [fertrekktait]/vertrek [fertrekk]/ aankomst [aankommst]
Toiletten/Damen/Herren	toilet [toalett]/dames [daames]/heren [heeren]
(kein) Trinkwasser	(geen) drinkwater [(cheen) drinkwaater]
Wo ist ...?/Wo sind ...?	Waar is ...? [waar is]/Waar zijn ...? [waar sain]
links/rechts	links [links]/rechts [rechts]
geradeaus/zurück	rechtdoor [rechtdoor]/terug [terüch]
nah/weit	dichtbij [dichtbai]/ver [ferr]
Bus/Straßenbahn	bus [büss]/tram [trämm]
U-Bahn/Taxi	metro [metro]/taxi [taxi]
Haltestelle/Taxistand	station [stasionn]/taxistandplaats [taxistandplaats]
Parkplatz/Parkhaus	parkplaats [parkplaats]/ parkeergarage [parkeercharasche]
Bahnhof/Hafen	station [stasjonn]/haven [haafen]
Flughafen	luchthaven [lüchthaafen]
Fahrplan/Fahrschein	dienstregeling [dienstreecheling]/kaartje [kaartje]
einfach/hin und zurück	enkel [enkel]/retour [retuur]
Zug/Gleis	trein [trejn]/spoor [spoor]
Bahnsteig	perron [peronn]
Ich möchte ... mieten.	Ik wil graag ... huren. [ick will chraach ... hüüren]
ein Auto/Fahrrad/Boot	een auto [enn auto]/fiets [fiets]/boot [boot]
Tankstelle	tankstation [tenkstasjonn]
Benzin/Diesel	benzine [bensiene]/diesel [diesel]
Panne/Werkstatt	autopech [autopech]/garage [charasche]

ESSEN & TRINKEN

Reservieren Sie uns bitte für heute Abend einen Tisch für vier Personen.	Wilt u alstublieft voor vanavond een tafel voor vier personen voor ons reserveren. [Willt ü aschtüblieft foor fannaafont en taafel foor fier persoonen foor ons reserweeren]
auf der Terrasse	op het terras [opp het terrass]
am Fenster	bij het raam [bai het raam]
Die Speisekarte, bitte.	De kaart, alstublieft. [de kaart aschtüblieft]
Könnte ich bitte ... haben?	Mag ik ...? [mach ick]
Flasche/Karaffe/Glas	fles [fläss]/karaf [karaff]/glas [chlass]

Messer/Gabel/Löffel	mes [mäss]/fork [fork]/lepel [leepel]
Salz/Pfeffer/Zucker	zout [saut]/peper [peeper]/suiker [söüker]
Essig/Öl	azijn [asain]/olie [olie]
mit/ohne Eis/ Kohlensäure	met [mätt]/zonder ijs [sonder ais]/ bubbels [bübbels]
Ich möchte zahlen, bitte.	Mag ik afrekenen. [mach ick affreekenen]
Rechnung/Quittung	rekening [reekening]/bonnetje [bonnetje]

EINKAUFEN

Wo finde ich ...?	Waar vind ik...? [waar finnt ick]
Ich möchte .../Ich suche ...	Ik will ... [ick will]/Ik zoek ... [ick suuk]
Apotheke/Drogerie	apotheek [apoteek]/drogisterij [droochisterai]
Bäckerei/Markt	bakker [bakker]/markt [markt]
Einkaufszentrum	winkelcentrum [winkelsentrümm]
Supermarkt	supermarkt [süpermarkt]
100 Gramm/1 Kilo	1 ons [ons]/1 kilo [kielo]
teuer/billig/Preis	duur [düür]/goedkoop [chuutkoop]/prijs [prais]
mehr/weniger	meer [meer]/minder [minder]

ÜBERNACHTEN

Ich habe ein Zimmer re-serviert.	Ik heb een kamer gereserveerd. [ick hepp en kaamer chereserveert]
Haben Sie noch ...?	Heeft u nog ...? [heeft ü noch]
Einzelzimmer	eenpersoonskamer [eeinpersoonskaamer]
Doppelzimmer	tweepersoonskamer [tweepersoonskaamer]
Frühstück/Halbpension	ontbijt [ontbait]/halfpension [halfpensionn]
Vollpension	volpension [follpensionn]
nach vorne/zum Meer	naar de voorkant [naar de foorkannt]/ naar de zee [naar de see]
Dusche/Bad	douche [duusch]/badkamer [battkaamer]
Balkon/Terrasse	balkon [balkonn]/terras [terrass]
Schlüssel/Zimmerkarte	sleutel [slöötel]/sleutelkaart [slöötelkaart]

BANKEN & GELD

Bank/Geldautomat	bank [bank]/pinautomat [pinnautomaat]
bar/ec-Karte/ Kreditkarte	kontant [kontant]/pinpas [pinnpass]/ creditcard [kredditkaart]

GESUNDHEIT

Arzt/Zahnarzt/Kinderarzt	arts [arts]/tandarts [tandarts]/kinderarts [kinderarts]
Krankenhaus/ Notfallpraxis	ziekenhuis [siekenhöüs]/ spoedeisende hulp [spuutaisende hülp]

SPRACHFÜHRER

Fieber/Schmerzen	koorts [koorts]/pijn [pain]
Durchfall/Übelkeit	diaree [diaree]/misselijkheid [misselickhait]
entzündet/verletzt	ontstoken [ontstooken]/gewond [chewonnt]
Schmerzmittel/Tablette	pijnstiller [painstiller]/tablet [tablett]

TELEKOMMUNIKATION & MEDIEN

Briefmarke/Brief	zegel [sechel]/brief [brief]
Postkarte	aanzichtkaart [aansichtkaart]
Ich brauche eine Telefon-karte fürs Festnetz.	Ik wil graag een telefoonkaart voor het vaste net. [ick will chraach en telefoonkaart foor het faste net]
Ich suche eine Prepaid-karte für mein Handy.	Ik zoek een prepaid-kaart voor mijn mobieltje. [ick suuk en prepaid-kaart foor main mobieltje]
Wo finde ich einen Internetzugang?	Waar krijg ik toegang tot internet? [waar kraich ick tu-uchang tot internet]
Steckdose/Adapter/Ladegerät	stopcontact [stoppkontakt]/adapter [adapter]/oplader [oplader]
Computer/Batterie/Akku	computer [compjuter]/batterij [batterai]/accu [akkü]
Internetanschluss/WLAN	internetverbinding [internetferbinding]/WLAN
E-Mail/Datei/ausdrucken	mail [mäil]/bestand [bestand]/uitdraaien [öütdraajen]

FREIZEIT, SPORT & STRAND

Strand/Strandbad	strand [strand]/strandbad [strandbad]
Sonnenschirm/Liegestuhl	zonnescherm [sonne scherm]/zonnestoel [sonnestuul]
Ebbe/Flut	laagwater [laachwater]/hoogwater [hoochwater]

ZAHLEN

0	nul [nüll]	15	vijftien [faiftien]
1	één [ejn]	16	zestien [sestien]
2	twee [twee]	17	zeventien [söwentien]
3	drie [drie]	18	achtien [achtien]
4	vier [fier]	19	negentien [neechentien]
5	vijf [faif]	70	zeventig [söwentich]
6	zes [ses]	80	tachtig [tachtich]
7	zeven [söwen]	90	negentig [neechentich]
8	acht [acht]	100	honderd [hondert]
9	negen [neechen]	200	tweehonderd [tweehondert]
10	tien [tien]	1000	duizend [döüsent]
11	elf [elf]	2000	tweeduizend [tweedöüsent]
12	twaalf [twaalf]	10000	tienduizend [tiendöüsent]
13	dertien [därtien]	1/2	half [half]
14	viertien [fiertien]	1/4	kwart [kwart]

REISEATLAS

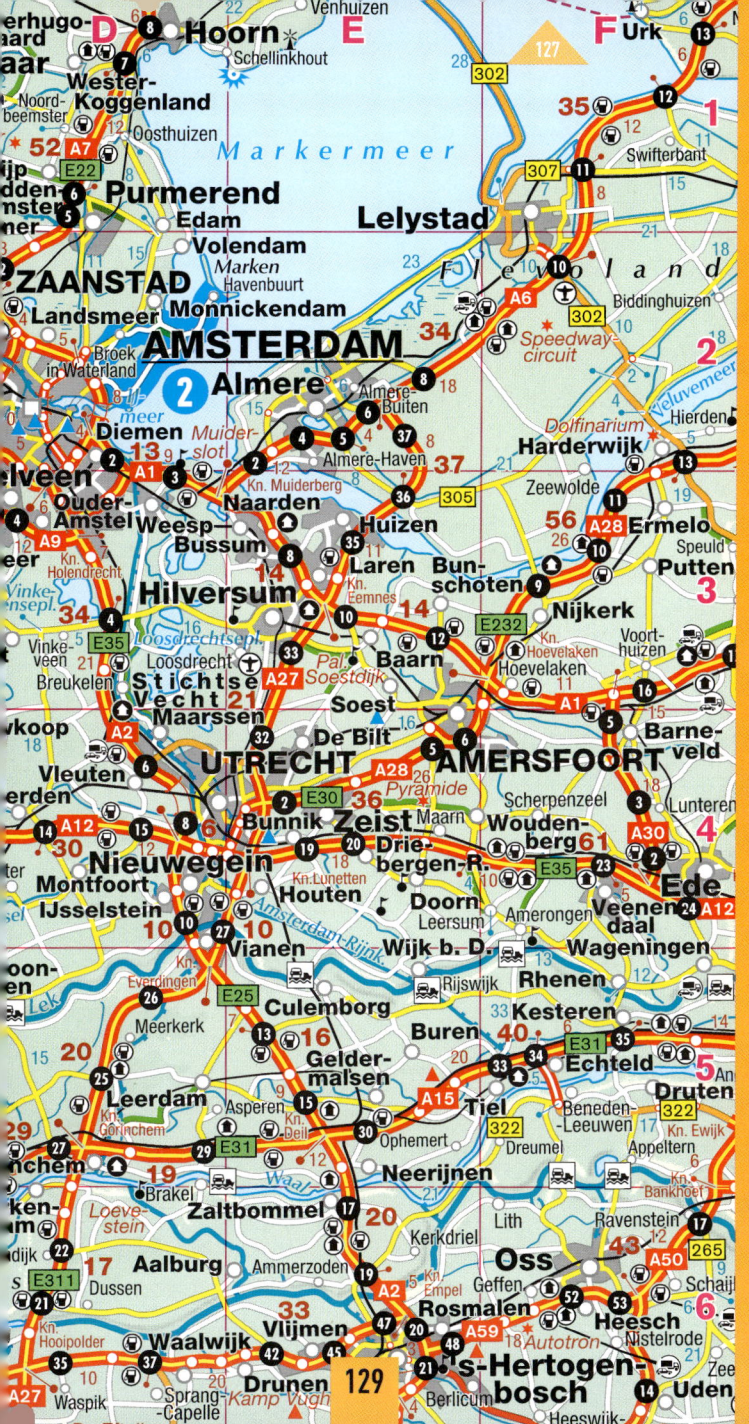

KARTENLEGENDE

Autobahn mit Anschlussstellen
Motorway with junctions

Autobahn in Bau
Motorway under construction

Mautstelle
Toll station

Raststätte mit Übernachtung
Roadside restaurant and hotel

Raststätte
Roadside restaurant

Tankstelle
Filling-station

Autobahnähnliche Schnell-
straße mit Anschlussstelle
Dual carriage-way with
motorway characteristics
with junction

Fernverkehrsstraße
Trunk road

Durchgangsstraße
Thoroughfare

Wichtige Hauptstraße
Important main road

Hauptstraße
Main road

Nebenstraße
Secondary road

Eisenbahn
Railway

Autozug-Terminal
Car-loading terminal

Zahnradbahn
Mountain railway

Kabinenschwebebahn
Aerial cableway

Eisenbahnfähre
Railway ferry

Autofähre
Car ferry

Schifffahrtslinie
Shipping route

Landschaftlich besonders
schöne Strecke
Route with
beautiful scenery

Alleenstr.   Touristenstraße
Tourist route

XI-V   Wintersperre
Closure in winter

Straße für Kfz gesperrt
Road closed to motor traffic

8%   Bedeutende Steigungen
Important gradients

Für Wohnwagen nicht
empfehlenswert
Not recommended
for caravans

Für Wohnwagen gesperrt
Closed for caravans

Besonders schöner Ausblick
Important panoramic view

★ *Wartenstein*   Sehenswert: Kultur - Natur
✳ *Umbalfälle*   Of interest: culture - nature

Badestrand
Bathing beach

Nationalpark, Naturpark
National park, nature park

Sperrgebiet
Prohibited area

Kirche
Church

Kloster
Monastery

Schloss, Burg
Palace, castle

Moschee
Mosque

Ruinen
Ruins

Leuchtturm
Lighthouse

Turm
Tower

Höhle
Cave

Ausgrabungsstätte
Archaeological excavation

Jugendherberge
Youth hostel

Allein stehendes Hotel
Isolated hotel

Berghütte
Refuge

Campingplatz
Camping site

Flughafen
Airport

Regionalflughafen
Regional airport

Flugplatz
Airfield

Staatsgrenze
National boundary

Verwaltungsgrenze
Administrative boundary

Grenzkontrollstelle
Check-point

Grenzkontrollstelle mit
Beschränkung
Check-point with
restrictions

ROMA   Hauptstadt
Capital

VENEZIA   Verwaltungssitz
Seat of the administration

MARCO POLO Erlebnistour 1
MARCO POLO Discovery Tour 1

MARCO POLO Erlebnistouren
MARCO POLO Discovery Tours

MARCO POLO Highlight
MARCO POLO Highlight

ALLE **MARCO POLO** REISEFÜHRER

DEUTSCHLAND

Allgäu
Bayerischer Wald
Berlin
Bodensee
Chiemgau/
Berchtesgadener
Land
Dresden/
Sächsische Schweiz
Düsseldorf
Eifel
Erzgebirge/
Vogtland
Föhr & Amrum
Franken
Frankfurt
Hamburg
Harz
Heidelberg
Köln
Lausitz/Spreewald/
Zittauer Gebirge
Leipzig
Lüneburger Heide/
Wendland
Mecklenburgische
Seenplatte
Mosel
München
Nordseeküste
Schleswig-Holstein
Oberbayern
Ostfriesische Inseln
Ostfriesland/Nord-
seeküste Nieder-
sachsen/Helgoland
Ostseeküste
Mecklenburg-
Vorpommern
Ostseeküste
Schleswig-Holstein
Pfalz
Potsdam
Rheingau/
Wiesbaden
Rügen/Hiddensee/
Stralsund
Ruhrgebiet
Schwarzwald
Stuttgart
Sylt
Thüringen
Usedom
Weimar

ÖSTERREICH
SCHWEIZ

Kärnten

Österreich
Salzburger Land
Schweiz
Steiermark
Tessin
Tirol
Wien
Zürich

FRANKREICH

Bretagne
Burgund
Côte d'Azur/
Monaco
Elsass
Frankreich
Französische
Atlantikküste
Korsika
Languedoc-
Roussillon
Loire-Tal
Nizza/Antibes/
Cannes/Monaco
Normandie
Paris
Provence

ITALIEN
MALTA

Apulien
Dolomiten
Elba/Toskanischer
Archipel
Emilia-Romagna
Florenz
Gardasee
Golf von Neapel
Ischia
Italien
Italienische Adria
Italien Nord
Italien Süd
Kalabrien
Ligurien/
Cinque Terre
Mailand/
Lombardei
Malta & Gozo
Oberital. Seen
Piemont/Turin
Rom
Sardinien
Sizilien/
Liparische Inseln
Südtirol
Toskana
Venedig
Venetien & Friaul

SPANIEN
PORTUGAL

Algarve
Andalusien
Barcelona
Baskenland/
Bilbao
Costa Blanca
Costa Brava
Costa del Sol/
Granada
Fuerteventura
Gran Canaria
Ibiza/Formentera
Jakobsweg
Spanien
La Gomera/
El Hierro
Lanzarote
La Palma
Lissabon
Madeira
Madrid
Mallorca
Menorca
Portugal
Spanien
Teneriffa

NORDEUROPA

Bornholm
Dänemark
Finnland
Island
Kopenhagen
Norwegen
Oslo
Schweden
Stockholm
Südschweden

WESTEUROPA
BENELUX

Amsterdam
Brüssel
Dublin
Edinburgh
England
Flandern
Irland
Kanalinseln
London
Luxemburg
Niederlande
Niederländische
Küste
Schottland
Südengland

OSTEUROPA

Baltikum
Budapest
Danzig
Krakau
Masurische Seen
Moskau
Plattensee
Polen
Polnische
Ostseeküste/

Danzig
Prag
Slowakei
St. Petersburg
Tallinn
Tschechien
Ungarn
Warschau

SÜDOSTEUROPA

Bulgarien
Bulgarische
Schwarzmeerküste
Kroatische Küste
Dalmatien
Kroatische Küste
Istrien/Kvarner
Montenegro
Rumänien
Slowenien

GRIECHENLAND
TÜRKEI
ZYPERN

Athen
Chalkidiki/
Thessaloniki
Griechenland
Festland
Griechische Inseln/
Ägäis
Istanbul
Korfu
Kos
Kreta
Peloponnes
Rhodos
Samos
Santorin
Türkei
Türkische Südküste
Türkische Westküste
Zákinthos/Itháki/
Kefalloniá/Léfkas
Zypern

NORDAMERIKA

Chicago und
die Großen Seen
Florida
Hawai'i
Kalifornien
Kanada
Kanada Ost
Kanada West
Las Vegas
Los Angeles
New York
San Francisco
USA
USA Ost
USA Südstaaten/
New Orleans
USA Südwest
USA West
Washington D.C.

MITTEL- UND
SÜDAMERIKA

Argentinien
Brasilien

Chile
Costa Rica
Dominikanische
Republik
Jamaika
Karibik/
Große Antillen
Karibik/
Kleine Antillen
Kuba
Mexiko
Peru & Bolivien
Yucatán

AFRIKA UND
VORDERER
ORIENT

Ägypten
Djerba/
Südtunesien
Dubai
Israel
Jordanien
Kapstadt/
Wine Lands/
Garden Route
Kapverdische
Inseln
Kenia
Marokko
Namibia
Rotes Meer & Sinai
Südafrika
Tansania/Sansibar
Tunesien
Vereinigte
Arabische Emirate

ASIEN

Bali/Lombok/Gilis
Bangkok
China
Hongkong/Macau
Indien
Indien/Der Süden
Japan
Kambodscha
Ko Samui/
Ko Phangan
Krabi/
Ko Phi Phi/
Ko Lanta
Malaysia
Nepal
Peking
Philippinen
Phuket
Shanghai
Singapur
Sri Lanka
Thailand
Tokio
Vietnam

INDISCHER OZEAN
UND PAZIFIK

Australien
Malediven
Mauritius
Neuseeland
Seychellen

REGISTER

Dieses Register umfasst alle im Reiseführer erwähnten Sehenswürdigkeiten, Orte und Ausflugsziele sowie einige wichtige Stichworte. Gefettete Seitenzahlen verweisen auf den Haupteintrag.

IMPRESSUM

SCHREIBEN SIE UNS!

Egal, was Ihnen Tolles im Urlaub begegnet oder Ihnen auf der Seele brennt, lassen Sie es uns wissen! Ob Lob, Kritik oder Ihr ganz persönlicher Tipp – die MARCO POLO Redaktion freut sich auf Ihre Infos.

Wir setzen alles dran, Ihnen möglichst aktuelle Informationen mit auf die Reise zu geben. Dennoch schleichen sich manchmal Fehler ein – trotz gründlicher Recherche unserer Autoren/innen. Sie haben sicherlich Verständnis, dass der Verlag dafür keine Haftung übernehmen kann.

MARCO POLO Redaktion
MAIRDUMONT
Postfach 31 51
73751 Ostfildern
info@marcopolo.de

IMPRESSUM
Titelbild: Noord-Holland bei Den Helder (Laif: C. Zahn)
Fotos: Toney Baskeyfield (18 u.); A. Bokern (1 u.); DuMont Bildarchiv: Selbach (30/31); © fotolia.com: Eric Gevaert (18 M.); Getty Images/Cultura/GretaMarie (3); Getty Images/Dorling Kindersley: Streeter (28 r.); Getty Images/Photographer's Choice/EschCollection (90/91); huber-images: A. Armellin (Klappe links, 110/111), Dutton (10), Gräfenhain (4 o., 4 u., 66, 72/73, 77, 82, 105); huber-images/TC (12/13); © iStockphoto: Richard Simpson (18 o.); Laif: Amme (11, 80, 86/87), F. Bischof (70), N. Enker (88), M. Gonzalez (32/33), A. Hub (96), Kristensen (53), C. Zahn (1 o.); Laif/hemis.fr: H. Lenain (44/45); Laif/Hollandse Hoogte: S. Joosten (2); Laif/Hollandse Hoogte/Beentjes (20/21); Laif/poolima: Secci (36); Look: H. Dressler (54), I. Pompe (31), J. Sackermann (34), T. Stankiewicz (25, 39); Look/age fotostock (26/27, 62, 112 o., 112 u., 124/125); Look/SagaPhoto (113); mauritius images: I. Boelter (79); mauritius images/age: I. Murray (61), K. O´Hara (56/57); mauritius images/Alamy (6, 8, 29, 30, 50, 69, 110, 111), S. van der Hucht (19 u.); mauritius images/ANP Photo: Visbach (23); mauritius images/frans lemmens/Alamy (7, 65, 101); mauritius images/Glasshouse: S. Howell (28 l.); mauritius images/ib: Justus de Cuveland (Klappe rechts); H. Mielke (9); picture-alliance: R. Kalb (58); picture-alliance/prisma: R. van der Meer (5, 40, 85); Schapowalow/SIME: A. Armellin (17); Urban Espresso Bar: Frank Hanswijk (19 o.); vario images: J. Bildbyra (106/107); vario images/Cultura RF (102/103, 109); vario images/imageBROKER (14/15); vario images/imagebroker (43); vario images/imageBROKER (46); vario images/Profimedia (74); M. Zegers (49)

10. Auflage 2017
Komplett überarbeitet und neu gestaltet
© MAIRDUMONT GmbH & Co. KG, Ostfildern
Chefredaktion: Marion Zorn
Autor: Siggi Weidemann, Bearbeiterin: Anneke Bokern; Redaktion: Christina Sothmann
Verlagsredaktion: Lucas Forst-Gill, Susanne Heimburger, Tamara Hub, Nikolai Michaelis, Kristin Schimpf, Martin Silbermann
Bildredaktion: Gabriele Forst, Veronika Plajer
Im Trend: wunder media, München
Kartografie Reiseatlas: © MAIRDUMONT, Ostfildern; Kartografie Faltkarte: © MAIRDUMONT, Ostfildern
Gestaltung Cover, S. 1, S. 2/3, Faltkartencover: Karl Anders – Büro für Visual Stories, Hamburg; Gestaltung innen: milchhof:atelier, Berlin; Gestaltung Erlebnistouren: Susan Chaaban Dipl.-Des. (FH)
Sprachführer: in Zusammenarbeit mit Ernst Klett Sprachen GmbH, Stuttgart, Redaktion PONS Wörterbücher

MIX
Paper from
responsible sources
FSC® C011918

BLOSS NICHT ☝

Ein paar Tipps und Anregungen für den Umgang mit Niederländern

DEUTSCHEN SERVICE ERWARTEN

Die Niederländer haben ein sehr entspanntes Verhältnis zum Service. Gerade im Restaurant kommt es schon mal vor, dass man lange warten muss. Beschwert man sich zu barsch, geht oft gar nichts mehr. Auch sonst lautet häufig die erste Antwort, die man auf eine Frage hört: „Das geht nicht." Bleiben Sie freundlich, aber geben Sie nicht auf! Nach einem kleinen Schwätzchen geht in den Niederlanden fast alles.

DÜNEN BESCHÄDIGEN

Dünen bilden eine natürliche Schutzzone gegen die See. Das Betreten der Dünen ist abseits der Wege streng verboten. Klettern Sie nicht über Zäune, und beachten Sie die Hinweisschilder!

VÖGEL FÜTTERN

Eine große Unsitte ist es, Möwen oder Tauben zu füttern. Beide Vogelarten sorgen für massive Probleme, man sollte nicht noch durch Füttern zu ihrer Vermehrung beitragen.

RASEN MIT DEM AUTO

Die Polizei in den Niederlanden hat ein bestimmtes Soll an Strafzetteln zu erfüllen, die sie verteilen muss. Geschwindigkeitsbegrenzungen werden schon deshalb streng kontrolliert. Bußgelder werden sofort eingezogen. Lassen Sie sich von einheimischen Autofahrern nicht provozieren, auch wenn diese Sie schneiden und überholen.

ERSTER KONTAKT AUF DEUTSCH

Nicht jeder Niederländer spricht Deutsch, vor allem unter den jungen Leuten ist Deutsch keine favorisierte Fremdsprache. Niederländer empfinden es als überheblich, wenn sie in Restaurants, auf der Straße oder im Geschäft auf Deutsch angesprochen werden. Machen Sie sich zunächst mit Englisch verständlich. Es hilft auch, vor der Reise einige alltägliche Wörter und kleine Sätze Niederländisch zu lernen. Man wird es Ihnen anrechnen.

STRANDKUHLEN GRABEN

Ein beliebtes Thema für niederländische Karikaturisten sind all jene dickleibigen Touristen, die am Strand ihr Territorium abstecken und Kuhlen im Sand graben. Das Bauen von Strandburgen, an der deutschen Ost- und Nordseeküste noch immer üblich, ist an der Niederländischen Küste verpönt.

FALSCH PARKEN

Parkplatzknappheit herrscht in praktisch allen niederländischen Küstenorten und in den Zentren der Städte. Wenn Sie einen freien Platz gefunden haben, vergewissern Sie sich, dass Sie nicht doch aus Versehen im Parkverbot stehen. Die Bußgelder sind hoch, oft genug wird abgeschleppt. Planen Sie einen Ausflug nach Amsterdam, nehmen Sie am besten die Bahn, auch am Wochenende herrscht dort lebhafter Verkehr, und es kommt immer wieder zu Staus.